왕초보
영어회화
100일의 기적

왕초보 영어회화 100일의 기적

지은이 문성현
펴낸이 임상진
펴낸곳 (주)넥서스

초판   1쇄 발행 2016년 5월 1일
초판 118쇄 발행 2023년 12월 10일

2판 1쇄 발행 2024년 4월 10일
2판 8쇄 발행 2024년 11월 18일

출판신고 1992년 4월 3일 제311-2002-2호
주소 10880 경기도 파주시 지목로 5
전화 (02)330-5500 팩스 (02)330-5555

ISBN 979-11-6683-837-8 13740

가격은 뒤표지에 있습니다.
잘못 만들어진 책은 구입처에서 바꾸어 드립니다.

www.nexusbook.com

100일 후에는 **나도** 영어로 말한다!

왕초보
영어회화
100일의
기적

문성현 지음

넥서스

100일의
기적을 위한 다짐!

나 _____는
왕초보 영어회화 100일의 기적으로
100일 뒤 반드시
영어 초보를 탈출할 것이다.

영어회화를 잘 한다는 것은 무슨 뜻일까요?

자신이 하고 싶은 말을 쉬운 표현을 사용하여 자유자재로 구사할 수 있다는 뜻입니다. 자세히 관찰해 보면 원어민은 어려운 단어나 표현을 잘 사용하지 않습니다. 짧고 간단한 문장으로도 자신의 의사를 충분히 전달할 수 있다는 의미입니다. 따라서 원어민이 자주 사용하는 쉬운 표현을 완벽히 익혀 적재적소에 사용할 수 있는 훈련이 필요합니다.

이 책은 원어민이 일상생활에서 자주 사용하는 기본 표현 200개를 미드에서 발췌 및 대화문으로 재구성하여 실제 상황에서 활용도를 높일 수 있도록 만들었습니다. 또한, 한국인에게 영어 청취가 어려운 이유는 여러 개의 단어를 뭉쳐서 읽는 청크(Chunk)현상 때문입니다. 여러분의 청취 능력 향상과 영어식 발성 훈련에 도움을 드릴 수 있도록 주요 표현에 영어식 발음방법을 친절히 설명했습니다.

더불어, 책이 없더라도 어디에서든 간편하게 학습할 수 있도록 아이튠즈/팟빵 팟캐스트 해설 강의도 함께 제공합니다. 〈왕초보 영어회화 100일의 기적〉이 여러분의 실력을 한 단계 업그레이드해 주는 디딤돌이 되기를 바라며, 영어 울렁증을 벗어나는 계기가 되기를 진심으로 바랍니다.

저자 문성현

왕초보 탈출 100일 학습법

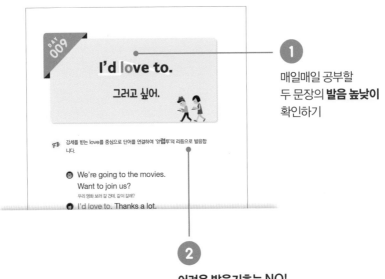

1

매일매일 공부할
두 문장의 **발음 높낮이**
확인하기

2

어려운 발음기호는 NO!
쉬운 한글로
원어민 발음 따라잡기

3

자연스러운
원어민 대화 속에서
문장의 활용 확인하기

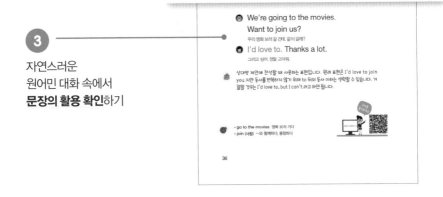

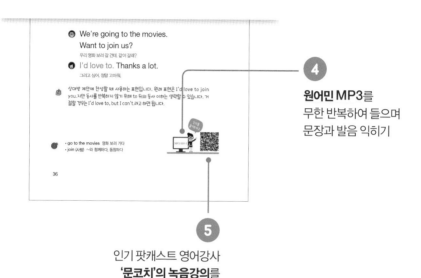

● We're going to the movies.
Want to join us?
우리 영화 보러 갈 건데 같이 갈래?

● I'd love to. Thanks a lot.
그러고 싶어. 정말 고마워.

상대방 제안에 찬성할 때 사용하는 표현입니다. 완례 표현은 I'd love to join you.지만 동사를 반복하지 않기 위해 to 뒤의 동사 이하는 생략할 수 있습니다. 거절할 경우는 I'd love to, but I can't.라고 하면 됩니다.

• go to the movies 영화 보러 가다
• join (사람) ~와 함께하다, 동참하다

36

4
원어민 MP3를
무한 반복하여 들으며
문장과 발음 익히기

5
인기 팟캐스트 영어강사
'문코치'의 녹음강의를
들으며 왕초보 탈출하기

6
복습은 기본!
Review Quiz로
공부한 내용을
한 번 더 확인하기

DAY
001~
010

Review Quiz ⊙

01 우리 뭐 먹어요?
What are we ▨▨▨▨▨▨ ?

02 건배하자. 원 샷이야!
Let's ▨▨▨▨▨▨. Bottoms ▨▨▨ !

03 배고파 죽겠다. 뭐 좀 먹으러 가자.
I'm ▨▨▨▨▨▨ . Let's ▨▨▨ a bite.

04 오늘 우울해 보인다. 뭔 일 있어?
You look ▨▨▨▨▨▨ today. What's ▨▨▨▨▨▨ ?

05 천천히 가. 너 문장을 너무 빠르게 한다.
▨▨▨▨ down. You're ▨▨▨▨ too fast.

06 엄살 좀 부리지 마. 괜찮다고.
Don't be such a ▨▨▨▨▨▨ . It's ▨▨▨▨▨▨ .

07 영어 정말 잘하는데. 대단해.
Your English is very good. I'm ▨▨▨▨▨▨ .

왕초보 학습 도우미

원어민 MP3

원어민이 직접 녹음한 MP3를 들으며
따라 해 보세요.
눈으로 보고 귀로 듣고 입으로 따라
말하면 100일 뒤에는 왕초보 탈출!

리스닝 MP3

핵심 문장을 뽑아 만든 MP3로
무한 반복 훈련!
영어가 안 들린다고 좌절할 필요 없습니다.
여러 번 반복해서 듣다 보면 자연스럽게
영어가 들리기 시작합니다.

리스닝 테스트

리스닝 MP3를 계속 듣다가
내 실력이 궁금할 땐? 리스닝 테스트로
얼마큼 들리는지 확인해 보세요.
만점 받고 영어회화 왕초보 졸업!

단어 노트

어려운 단어들을 한 곳에 정리하였습니다.
왕초보 탈출의 필수 코스!
헷갈리는 단어는 사전에서 검색할 필요 없이
단어 노트에서 뜻을 바로 확인해 보세요.

단어 Quiz

'내가 이 단어를 확실하게 알고 있나?'
의심스러울 땐 단어 Quiz로 실력을
확인해 보세요. 정답이 생각날 듯
생각나지 않는다면 다시 단어 노트를
펴고 반복해서 익힙니다.

저자 직강 녹음강의

저자가 직접 녹음한 강의를 들어 보세요.
책을 보면서 아쉬웠던 내용을 시원하게
짚어주는 명강의로 영어 왕초보에서
영어 고수로 거듭나세요!

<왕초보 영어회화 100일의 기적>
MP3 & 녹음강의 듣는 방법

1

스마트폰에 QR코드 리더를 설치하여
책 속의 QR코드를 인식하면
원어민 MP3와 녹음강의를
바로 들을 수 있습니다.

MP3 + 강의

2

네이버 오디오클립에서
MP3를 들을 수 있습니다.

3

팟빵이나 아이튠즈 팟캐스트에서
도서명을 검색하세요. podbbang.com

학습 진도표

DAY 001~100

DAY 001~020		페이지	공부한 날	
DAY 001	신경 쓰지 마. / 냄새가 좋네요.	020	월	일
DAY 002	건배하자! / 진정해.	022	월	일
DAY 003	배고파 죽겠어. / 왜 그래?	024	월	일
DAY 004	천천히 해. / 과찬이세요.	026	월	일
DAY 005	한심하군. / 정말 대단해.	028	월	일
DAY 006	됐거든. / 긍정적으로 생각해.	030	월	일
DAY 007	내가 과민반응 했어. / 좋을대로 해.	032	월	일
DAY 008	정말이야? / 난 상관없어.	034	월	일
DAY 009	그러고 싶어. / 이만 끊을게.	036	월	일
DAY 010	전혀 몰랐어. / 여기 있어요.	038	월	일
DAY 011	완전 망했어. / 잘했어.	042	월	일
DAY 012	내가 먼저 할게. / 재촉하지 마.	044	월	일
DAY 013	안됐구나. / 딱 걸렸네.	046	월	일
DAY 014	말만 해. / 이게 누구야.	048	월	일
DAY 015	이건 어때? / 좀 도와줄까?	050	월	일
DAY 016	그만 얘기해. / 현실을 인정해.	052	월	일
DAY 017	평소처럼 해. / 우리 춤출까?	054	월	일
DAY 018	바보같이 굴지 마. / 발밑 조심해.	056	월	일
DAY 019	그게 무슨 소용 있어? / 어떻게 됐어?	058	월	일
DAY 020	어쩔 수 없어. / 맘에 드니 다행이야.	060	월	일

왕초보 영어회화
100일의 기적
추천합니다~

체험단
서평

실용적인 표현들로 가득해서 단연 으뜸인 책입니다.

평소 자주 하는 말들을
쉬운 단어로 표현한 것이 많아서 큰 도움이 됩니다.
출퇴근하면서 자투리 시간에 외우면 좋을 것 같아요.
이제 더 이상 영어 공부를 미룰 핑계는 없을 겁니다.^^

자영업 **김정국**

평소에 미드를 즐겨 보는데
미드에서 자주 나온 표현들이 모여 있는 것 같아요.
영어회화에 자신감이 주네요.
팟캐스트 해설강의도 있어서 스마트폰으로 들으면 더 좋아요.

주부 **김진**

영어회화를 어떻게 해야 할지
막막하신 분들에게 딱 맞는 책인 것 같아요.
매일 부담 없이 두 페이지씩 연습하면
3개월 만에 왕초보 딱지를 뗄 수 있겠죠?
시간에 쫓기는 직장인 분들에게 적극 추천합니다.
왕초보 파이팅!

회사원 **문창환**

왕초보를 위한 표현이 있어서 공부하기에도 좋고
바로 써먹을 수도 있어서 너무 좋아요.
영화나 미드에서 자주 만날 수 있는 표현이라니
쉬우면서도 유용해서 더 좋네요.

의사 **김승수**

영어 공부를 하겠다고 결심만 반복하던 저에게
실천을 할 수 있는 동기부여가 되는 책이에요.
시작이 반이라는 말처럼 부담 없이 시작할 수 있도록 구성이 되어 있어서 좋습니다.
왕초보 여러분, 우리 함께 100일 동안 열심히 공부해요!

연구원 **황두경**

영어회화 왕초보 벗어나기,
한번 시작해 볼까요?

왕초보를 벗어나는 가장 확실한 방법은
꾸준히 공부하는 것입니다.

한 번에 여러 문장을 공부하지 말고,
하루 두 문장씩 시작하세요.

두 문장을 한번에 공부할 필요도 없습니다.
오전/오후 혹은 출근길/퇴근길로 나눠서
가볍게 공부하세요.

DAY
001~010

Never mind.

신경 쓰지 마.

🔊 강세를 받는 Never와 mind의 첫음절을 중심으로 두 단어를 연결하여 '**네**버**마**인'의 리듬으로 발음합니다.

😎 **I'm sorry for the late reply.**

답변이 늦어서 미안해.

😀 **Never mind. It's not important.**

신경 쓰지 마. 중요한 거 아니야.

🛍 사과를 하는 사람에게 괜찮다고 하는 표현입니다. That's all right., That's OK., Forget it.이라고 말할 수도 있습니다. 참고로 감사 인사에 대한 대답으로 You're welcome., Don't mention it.과 같이 대답할 수 있습니다.

 • **I'm sorry for** (명사/동명사) ~에 대해 미안하다
• **reply** 답변, 회신

MP3 001-1

20

Smells good.

냄새가 좋네요.

🔊 강세를 받는 Smell과 good의 모음을 중심으로 두 단어를 연결하여 '**스멜 스귿**'의 리듬으로 발음합니다.

👓 **Dinner is ready. Come and get it.**
저녁 준비됐다. 어서 와서 먹어라.

🧑 **Smells good. What are we having?**
냄새 좋은데요. 우리 뭐 먹어요?

📋 테이블에 맛있는 음식이 준비됐을 때 먹기 전에 사용하는 표현입니다. 참고로 '수상한 냄새가 난다.'는 Smells fishy., '냄새가 고약해.'는 Smells bad., '이상한 냄새가 나.'는 Smells funny.와 같이 말합니다.

🎯 • **Come and get it.** 와서 드세요.
• **What are we having?** 우리 뭐 먹어요?

Let's toast!

건배하자!

🔊 강세를 받는 Let's와 toast의 첫음절을 중심으로 단어를 연결하여 '레쓰토 우스트'의 리듬으로 발음합니다.

😎 **You made it. Congratulations!**

해냈구나. 축하해!

🙂 **Let's toast! Bottoms up!**

건배하자! 원 샷이야!

🛍 술자리에서 건배 제의를 할 때 사용하는 표현입니다. 보통 Let's make a toast!, I'd like to make a toast., I propose a toast.라고 하는데, 간단히 Let's toast!라고 하기도 합니다. '건배!'는 Cheers! 또는 Here's to us!와 같이 표현합니다.

 • **make it** 성공하다. 해내다
• **bottoms up** 원 샷 하다

MP3 002-1

22

Calm down.

진정해.

📢 강세를 받는 Calm과 down의 첫음절을 중심으로 단어를 연결하여 '**캄다운**'의 리듬으로 발음합니다.

😎 Hello? We're stuck in the elevator.

여보세요? 우리 엘리베이터에 갇혔어요.

🧑 Please calm down.
I'll send someone in a minute.

진정하세요. 금방 사람 보낼게요.

📑 당황하거나 흥분한 사람에게 진정하라고 할 때 사용하는 표현으로, 직역하면 '차분히 가라앉혀.'라는 뜻입니다. 유사한 의미로 Relax., Take it easy., Hold your horses.와 같이 말할 수 있습니다.

강의를 들어보세요

MP3 002-2

🎯
• be stuck in (장소) ～에 갇히다, 고립되다
• send (사람) ～을 보내다

I'm starving.

배고파 죽겠어.

강세를 받는 starving의 첫음절을 중심으로 단어를 연결하여 '암스딸빙'의 리듬으로 발음합니다.

👓 **I'm starving. Let's grab a bite.**

배고파 죽겠다. 뭐 좀 먹으러 가자.

👩 **I'm way too tired to eat.**

너무 피곤해서 먹을 힘도 없어.

배가 많이 고플 때 사용하는 표현으로, 직역하면 '굶주리고 있어.'입니다. 같은 의미로 I'm starving to death. 또는 I'm hungry to death.라고 표현할 수도 있습니다. '너무 배고파서 뭐든 먹을 수 있을 것 같아.'는 I could eat a horse.라고 합니다.

- grab a bite (to eat) 간단히 요기하다
- way too (형용사) to (동사원형)
  너무 ~해서 …하지 못하다

강의를 들어보세요

MP3 003-1

What's wrong?

왜 그래?

강세를 받는 What과 wrong을 중심으로 단어를 연결하여 '**와츠륑**'의 리듬으로 발음합니다.

You look down today. What's wrong?

오늘 우울해 보인다. 뭔 일 있어?

My mother was hospitalized yesterday.

어제 어머니가 입원하셨거든.

상대방이 평소와 달라 보여서 무슨 일이 있냐고 물어볼 때 사용하는 표현으로, 직역하면 '뭐가 잘못됐어?'입니다. 같은 의미로 What's the matter?, What's eating you?, What's bugging you?와 같이 말할 수 있습니다.

- look down 우울해 보이다
- be hospitalized 병원에 입원하다

25

Slow down.

천천히 해.

강세를 받는 Slow와 down의 모음 o를 중심으로 단어를 연결하여 '슬**로**우 **다**운'의 리듬으로 발음합니다.

😎 Slow down. You're driving too fast.

천천히 가. 너 운전을 너무 빠르게 한다.

👧 We have to hurry to make it by seven.

7시까지 도착하려면 서둘러야 해.

서두르는 사람에게 차분하게 하라고 말할 때 사용하는 표현입니다. 일의 진행 속도, 남녀관계의 진도, 자동차의 속도 등 여러 상황에서 표현할 수 있습니다. 빨리 하라고 재촉할 때 쓰는 표현으로는 Hurry up., Make it quick., Get moving. 등이 있습니다.

• **hurry** 서두르다
• **make it** 도착하다

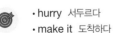

MP3 004-1

I'm flattered.

과찬이세요.

📢 강세를 받는 flattered의 첫음절을 중심으로 단어를 연결하여 '암**플레**러드'의 리듬으로 발음합니다.

👓 You're the most beautiful woman ever.

　당신은 내가 본 여자 중에 가장 아름다워요.

👦 I'm flattered. You make me blush.

　과찬이세요. 부끄럽네요.

📋 상대방이 칭찬을 하면 쑥스러워 하며 겸손하게 대답할 때 사용하는 표현입니다. 직역하면 '아첨을 받았다.'인데, '몸 둘 바를 모르겠다.'라는 뜻입니다. That's very flattering.이라고 해도 됩니다.

🎯 • the (최상급 명사) ever 지금까지 가장 ~한 사람(물건)
　• blush (부끄러워) 얼굴이 빨개지다

It's pathetic.

한심하군.

📢 2음절에 강세를 받는 pathetic을 중심으로 단어를 연결하여 '이츠퍼**떼**릭'의 리듬으로 발음합니다.

😎 I can't work up the courage to do it.

그걸 할 수 있는 용기가 나지 않아.

🧑 Don't be such a baby. It's pathetic.

엄살 좀 떨지 마. 한심하군.

💼 상대방의 말이나 행동에 대해 한심하다고 말할 때 사용하는 표현입니다. You're pathetic.이라고도 합니다. 엄살 부리는 사람에게 '징징대지 마.', '바보같이 굴지 마.'라고 말할 때는 Stop whining., Don't be silly.와 같이 말할 수 있습니다.

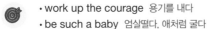

🎯 • work up the courage 용기를 내다
• be such a baby 엄살떨다, 애처럼 굴다
• pathetic 불쌍한, 한심한

강의를
들어보세요

MP3 005-1

I'm impressed.

정말 대단해.

2음절에 강세를 받는 impressed를 중심으로 단어를 연결하여 '암임**프레**스트'의 리듬으로 발음합니다.

Your English is very good.

I'm impressed.

영어 정말 잘하는데. 정말 대단해.

Thanks, but I still have a long way to go.

고마워. 하지만 아직 갈 길이 멀어.

어떤 것에 대해 매우 깊은 인상이나 감동을 받았을 때 사용하는 표현입니다. 감동받았다고 말할 때는 I was touched., It's very touching., I was moved., It was very moving.과 같이 말할 수 있습니다.

강의를 들어보세요

MP3 005-2

- be impressed 감명을 받다, 인상 깊다
- have a long way to go 갈 길이 아직 멀다

DAY 006

Don't bother.

됐거든.

📢 강세를 받는 Don't와 bother의 첫음절을 중심으로 단어를 연결하여 '**도**운 **바**더'의 리듬으로 발음합니다.

😎 I'm sorry if I hurt your feelings.
마음 상하게 했다면 미안해.

🧑 Don't bother. It's too late.
됐거든. 너무 늦었어.

🛍️ 이미 마음이 상했는데 상대방이 뒤늦게 사과나 보상을 제안할 때 거절하는 표현으로, 직역하면 '일부러 수고하지 마.'입니다. '굳이 기다릴 거 없어.'는 Don't bother to wait for me., '굳이 거기 갈 필요 없어.'는 Don't bother to go there.와 같이 말합니다.

• hurt one's feeling ~의 마음을 상하게 하다
• Don't bother. 됐거든., 굳이 안 해도 돼.

Think positive.

긍정적으로 생각해.

📢 강세를 받는 Think와 positive의 첫음절을 중심으로 단어를 연결하여 '**띵파**저립'의 리듬으로 발음합니다.

😎 I failed to pass the test.
I think I should give up.

시험에 떨어졌어. 그냥 포기해야 할까 봐.

😊 Don't say that. Think positive.

그런 소리 하지 마. 긍정적으로 생각해.

📋 의기소침한 사람에게 긍정적으로 생각하라고 격려를 할 때 사용하는 표현입니다. 같은 의미로 Be positive., Stay positive., Look on the bright side.와 같이 말할 수 있습니다. 참고로 '크게 생각해.'는 Think big.이라고 말합니다.

🎯 • pass the test 시험에 통과하다
• give up 포기하다

MP3 006-2

I overreacted.

내가 과민반응 했어.

강세를 받는 <u>over</u>rea<u>c</u>ted의 첫 번째, 네 번째 음절을 중심으로 단어를 연결하여 '아이**오**우버리**액**틷'의 리듬으로 발음합니다.

Unbelievable! How could you say that?

믿을 수 없어. 어떻게 그런 말을 할 수 있어?

Sorry, I think I overreacted.

미안해. 내가 과민반응 했나 봐.

자신이 너무 예민하게 반응을 했다고 말하며 사과할 때 사용하는 표현으로, 직역하면 '내가 너무 과하게 행동했어.'입니다. 비슷한 의미로 I've gone too far. 또는 I got carried away.와 같이 말할 수 있습니다.

• unbelievable 믿기 어려운
• I think I (주어) (과거동사) 내가 ~했나 봐

MP3 007-1

Suit yourself.

좋을 대로 해.

📢 강세를 받는 Suit의 첫음절과 yourself의 두 번째 음절을 중심으로 단어를 연결하여 '**수**운유어**셀**프'의 리듬으로 발음합니다.

👤 I want to bring a coat.
It'll get chilly tonight.
난 코트 가져갈래. 저녁엔 쌀쌀해질 거야.

👤 Suit yourself, but I don't need one.
알아서 해. 난 필요 없어.

📋 상대방이 의견을 물어볼 때 편할 대로 하라고 하는 표현으로, 직역하면 '너한테 맞춰.'입니다. 같은 의미로 It's up to you., Have it your way., Do as you like. 와 같이 말할 수 있습니다.

🎯 • bring (사물) ~을 가져오다(가다)
• get chilly 쌀쌀해지다

Are you sure?

정말이야?

강세를 받는 sure를 중심으로 단어를 연결하여 '아유**슈**어'의 리듬으로 발음합니다.

I can't believe it. Are you sure?

믿을 수가 없어. 정말이야?

Absolutely. I'm 100% positive.

그래. 100퍼센트 확실해.

상대방이 한 말에 대해 의구심이 들거나 믿지 못하겠다고 말할 때 사용하는 표현으로, 직역하면 '확실해요?'입니다. 같은 의미로 Really?, Are you serious?, No kidding.과 같이 말할 수도 있습니다.

- Absolutely. 물론이지.
- positive 확실한, 긍정적인

강의를
들어보세요

MP3 008-1

I don't care.

난 상관없어.

강세를 받는 I와 care를 중심으로 단어를 연결하여 **'아던케어'**의 리듬으로 발음합니다.

What do you want to have?
뭐 먹고 싶니?

I don't care. It's up to you.
난 상관없어. 네가 결정해.

상대방이 의견을 물었을 때 어느 쪽이든 상관없다고 답하는 표현으로, 직역하면 '신경 쓰지 않아.'입니다. 같은 의미로 That's fine with me., It doesn't matter., Whatever.와 같이 말할 수도 있습니다.

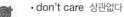 • don't care 상관없다
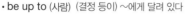 • be up to (사람) (결정 등이) ~에게 달려 있다

MP3 008-2

I'd love to.

그러고 싶어.

📢 강세를 받는 love를 중심으로 단어를 연결하여 '아**럽**투'의 리듬으로 발음합니다.

😎 **We're going to the movies.**
Want to join us?

우리 영화 보러 갈 건데. 같이 갈래?

😊 **I'd love to. Thanks a lot.**

그러고 싶어. 정말 고마워.

📝 상대방 제안에 찬성할 때 사용하는 표현입니다. 원래 표현은 I'd love to join you.지만 동사를 반복하지 않기 위해 to 뒤의 동사 이하는 생략할 수 있습니다. 거절할 경우는 I'd love to, but I can't.라고 하면 됩니다.

🎯 • go to the movies 영화 보러 가다
• join (사람) ～와 함께하다, 동참하다

I gotta go.

이만 끊을게.

강세를 받는 gotta와 go를 중심으로 단어를 연결하여 '**아가**러**고우**'의 리듬으로 발음합니다.

🧑 I can't talk for long. I gotta go.
통화 오래 못해. 이만 끊을게.

🧑 So you're not available now?
I'll call you back later then.
지금 전화 받기 곤란하구나. 다시 연락할게.

상대방과 전화를 하다가 이제 그만 끊어야 할 때 사용하는 표현으로, 직역하면 '이제 가야 해.'입니다. 같은 의미로 I have to go., I have to get off the line.과 같이 말할 수 있습니다.

- talk for long 오래 통화하다
- available 시간을 낼 수 있는, 이용할 수 있는

I had no idea.

전혀 몰랐어.

강세를 받는 no와 idea를 중심으로 단어를 연결하여 '아이햇**노**우아이**디**어'의 리듬으로 발음합니다.

Did you know he would come to the party?

그가 파티에 올 거라는 걸 알았어?

I had no idea. He's a party pooper.

전혀 몰랐어. 분위기 깨는 녀석이잖아.

어떤 내용에 대해 전혀 모른다고 말할 때 사용하는 표현입니다. 같은 뜻으로 I don't have a clue., Beats me., That's news to me.처럼 말할 수도 있습니다. 확신이 없이 '내가 알기로는 아니야.'는 Not that I know of.라고 합니다.

MP3 010-1

• come to the party 파티에 가다
• party pooper 흥을 깨는 사람

Here you go.

여기 있어요.

강세를 받는 Here와 go를 중심으로 단어를 연결하여 '**히**어유**고**우'의 리듬으로 발음합니다.

Can you get me some water, please?

물 좀 갖다 주실래요?

Sure. Here you go.

물론이죠. 여기 있어요.

상대에게 물건을 건네주면서 '여기 있어요.'라고 말할 때 쓰는 표현으로, Here you are., Here it is.라고 말해도 됩니다. Here we go again. 또는 There you go again.은 '또 시작이군.'이라는 뜻으로, 상대방의 말이나 행동에 대해 짜증을 내는 표현입니다.

- get (사람) (사물) ~에게 …을 갖다 주다
- Sure. 물론이죠.

MP3 010-2

Review Quiz 🎯

01 우리 뭐 먹어요?
What are we ▨▨▨▨▨▨ ?

02 건배하자. 원 샷이야!
Let's ▨▨▨▨▨. Bottoms ▨▨▨ !

03 배고파 죽겠다. 뭐 좀 먹으러 가자.
I'm ▨▨▨▨▨▨. Let's ▨▨▨ a bite.

04 오늘 우울해 보인다. 뭔 일 있어?
You look ▨▨▨▨▨▨ today. What's ▨▨▨▨▨ ?

05 천천히 가. 너 운전을 너무 빠르게 한다.
▨▨▨▨ down. You're ▨▨▨▨▨▨▨ too fast.

06 엄살 좀 떨지 마. 한심하군.
Don't be such a ▨▨▨▨▨. It's ▨▨▨▨▨▨.

07 영어 정말 잘하는데. 대단해.
Your English is very good. I'm ▨▨▨▨▨▨▨.

08 마음 상하게 했다면 미안해.
I'm sorry if I ▨▨▨▨▨ your feelings.

09 난 코트 가져갈래. 저녁엔 쌀쌀해질 거야.
I want to ▨▨▨▨▨ a coat. It'll get ▨▨▨▨▨▨ tonight.

10 통화 오래 못해. 이만 끊을게.
I can't ▨▨▨▨▨ for long. I ▨▨▨▨▨ go.

정답 | 01. having 02. toast / up 03. starving / grab 04. down / wrong 05. Slow / driving
06. baby / pathetic 07. impressed 08. hurt 09. bring / chilly 10. talk / gotta

40

DAY
011~020

I'm so screwed.

완전 망했어.

📢 강세를 받는 so와 screwed를 중심으로 단어를 연결하여 '암쏘**스쿠**룻'의 리듬으로 발음합니다.

😎 **You got caught cheating by your teacher.**

너 부정행위 하다가 선생님한테 걸렸다면서.

😟 **I'm so screwed.**

I can't get away with it this time.

완전 망했어. 이번에는 빠져나가지 못할 거야.

🛍 어떤 일이 잘 되지 않았을 때 낙심하면서 사용하는 표현으로, 직역하면 '난 완전 꼬였어.'입니다. '난 이제 죽었다.'는 I'm dead meat.이라고 하고, '망쳐 버렸어.'는 I screwed up., I messed up., I blew it.과 같이 말할 수 있습니다.

◎ • get caught -ing ∼하다가 들키다, 걸리다
   • get away with (사물) 잘못을 하고도 빠져나가다

Good for you.

잘했어.

📢 강세를 받는 Good을 중심으로 단어를 연결하여 '**굿포유**'의 리듬으로 발음 합니다.

🤓 **Mom, I got an A+ in math.**

엄마, 수학 점수 A+ 받았어요.

🙂 **Good for you! Let's have a party.**

잘했어! 우리 파티 하자.

📋 상대방이 이룬 업적에 대해서 잘했다고 격려를 할 때 사용하는 표현입니다. 직역 하면 '너에게 좋은 일이구나.'입니다. 같은 의미로 Way to go!, Good job!, Nice going!과 같이 말할 수도 있습니다.

강의를 들어봐요

MP3 011-2

🎯 • get an A+ in (과목) ～에서 A+ 학점을 받다
• have a party 파티를 하다

I'll go first.

내가 먼저 할게.

강세를 받는 go와 first를 중심으로 단어를 연결하여 '알**고**우**퍼**슽'의 리듬으로 발음합니다.

Who wants to answer this question?

이 질문에 누가 대답해 볼래요?

I'll go first. It's a breeze.

제가 먼저 할게요. 엄청 쉬워요.

여러 사람들 중에서 어떤 행동을 먼저 하겠다는 의사를 밝힐 때 쓰는 표현으로, 직역하면 '내가 먼저 갈게요.'입니다. 반대로 양보를 할 때는 '먼저 하세요.'라는 뜻으로 Go ahead. 또는 After you.와 같이 말할 수 있습니다.

• answer the question 질문에 대답하다
• a breeze 쉬운 일, 식은 죽 먹기

MP3 012-1

Don't rush me.

재촉하지 마.

🔊 강세를 받는 Don't와 rush를 중심으로 단어를 연결하여 '**도**운**러**쉬미'의 리듬으로 발음합니다.

😎 Could you hurry up, please?

좀 서둘러 줄래?

🧑 Don't rush me. I need to take my time.

재촉하지 마. 천천히 해야 해.

📋 서둘러 달라고 반복적으로 다그치는 사람에게 짜증낼 때 사용하는 표현으로, 직역하면 '나에게 돌진하지 마.'입니다. 유사한 의미로 Don't push me., Stop pushing me.와 같이 말할 수 있습니다.

강의를 들어보세요

MP3 012-2

🎯 • rush 돌진하다, 서두르다
• take one's time 천천히 하다

That's too bad.

안됐구나.

세 단어 모두 강세를 받습니다. 연결하여 '**대츠투뱃**'으로 한 번의 호흡으로 발음합니다.

My computer is not working properly.

내 컴퓨터가 제대로 작동을 안 해.

That's too bad. Let me see if I can fix it.

안됐구나. 내가 고칠 수 있는지 볼게.

상대방에게 좋지 않은 소식을 듣고 안타까운 마음을 나타낼 때 사용하는 표현입니다. 유사한 의미로 I'm sorry to hear that., That's a shame., What a pity.와 같이 말할 수 있습니다.

• **work properly** 제대로 작동하다
• **Let me see if I can** (동사원형) ~할 수 있는지 한번 볼게

You got me.

딱 걸렸네.

📢 강세를 받는 got을 중심으로 단어를 연결하여 '유**갓**미'의 리듬으로 발음합니다.

👓 **In my opinion, you're a gold digger.**
내 생각엔 넌 돈만 밝히는 것 같아.

👩 **You got me.**
Money changes everything.
딱 걸렸네. 돈으로 안 될 게 없지.

📝 누구에게 거짓말이나 못된 행동을 하다가 걸렸을 때 사용하는 표현입니다. 같은 의미로 You're so busted., You're cold busted.와 같이 말할 수도 있습니다. '나도 잘 모르겠어.' (=I don't know, either.)라는 의미로도 사용됩니다.

강의를 들어보세요

MP3 013-2

🎯 • gold digger 돈만 밝히는 사람
   • Money changes everything. 돈이면 다 된다.

You name it.

말만 해.

강세를 받는 name을 중심으로 단어를 연결하여 '유네임잇'의 리듬으로 발음합니다.

Daddy, today is my birthday.
아빠, 오늘이 제 생일이에요.

What do you want? A toy? A doll?
You name it.
뭐 갖고 싶니? 장난감? 인형? 말만 해.

원하는 것을 얘기만 하면 뭐든 들어주겠다고 말할 때 사용하는 표현으로, 직역하면 '이름만 대 봐.'입니다. 여기서 name은 동사로 쓰였습니다. 같은 의미로 Whatever you say., I'm at your service anytime.과 같이 말해도 됩니다.

• daddy 아빠 (↔ mommy)
• What do you want? 뭐 갖고(먹고) 싶니?

48

Look who's here.

이게 누구야.

📢 강세를 받는 Look과 here을 중심으로 단어를 연결하여 '룩후즈**히**어'의 리듬으로 발음합니다.

😎 **Look who's here! It's a small world.**

이게 누구야! 세상 참 좁다.

😊 **Yeah. I haven't seen you in years.**

그러게. 정말 오랜만이야.

📝 어떤 장소에서 우연히 예상하지 못한 사람을 만나게 되어 놀라움과 반가움을 나타내는 표현으로, 직역하면 '누가 왔는지 보세요.'입니다. 같은 뜻으로 What a surprise!, Fancy meeting you here.처럼 말할 수도 있습니다.

🎯 • It's a small world. 세상 좁다.
• haven't seen (사람) in years
   ~를 본 지 오래되었다, 오랜만이다

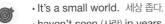

MP3 014-2

What about this?

이건 어때?

📢 강세를 받는 What과 this를 중심으로 단어를 연결하여 '**와**러바웃**디**스'의 리듬으로 발음합니다.

😃 **You don't like it? What about this?**
맘에 안 들어요? 이건 어때요?

🧑 **You should wear a dress, if you ask me.**
내 생각엔 드레스 입는 게 좋겠어요.

🛍️ 상대방에게 어떤 것을 제안하면서 의견을 물어볼 때 사용하는 표현입니다. 같은 의미로 How about this?, How do you feel about it?와 같이 말할 수 있고 '바로 그거야.'라고 할 때는 Exactly., That's it., You said it.처럼 말하면 됩니다.

🎯 • should (동사원형) ～하는 게 좋겠다
• If you ask me. 내 생각에는.

Need some help?

좀 도와줄까?

🔊 강세를 받는 Need와 help를 중심으로 단어를 연결하여 '**니섬헤**업'의 리듬으로 발음합니다.

👤 Can you do it by yourself?
Need some help?

혼자 할 수 있겠어? 좀 도와줄까?

👤 No, I can manage. Thanks.

아니. 내가 처리할 수 있어. 고마워.

📋 친한 사람끼리 대화할 때 의문문에서 Do you를 생략하는 경우가 많습니다. 예를 들어 친구에게 '담배 한 대 피워도 돼?'라고 묻는다면 (Do you) Mind if I smoke?라고 하고, '커피에 설탕 넣을래?'는 (Do you) Care for sugar in your coffee?와 같이 말합니다.

• by oneself 스스로
• manage 그럭저럭 해내다

Don't remind me.

그만 얘기해.

🔊 강세를 받는 Don't와 remind를 중심으로 단어를 연결하여 '**도**운리**마**인미'의 리듬으로 발음합니다.

😎 **We're out of time. Make it quick.**

시간이 없어. 빨리 해.

🧑 **I know.** Don't remind me.

나도 알아. 그만 얘기해.

🏷️ 떠올리고 싶지 않은 일에 대해서 상대방이 자꾸 말을 걸어올 때 방어적으로 하는 표현입니다. 문득 어떤 생각이 떠올라서 '그러고 보니 오늘이 월급날이네.'라고 할 때는 That reminds me, today is my payday.라고 하면 됩니다.

MP3 016-1

• **be out of time** 시간이 없다
• **remind** (사람) ~에게 생각나게 하다

52

Let's face it.

현실을 인정해.

🔊 강세를 받는 face를 중심으로 단어를 연결하여 '레츠**페**이싯'의 리듬으로 발음합니다.

😎 I can't believe she dumped me.

그녀가 날 찼다니 믿을 수가 없어.

🙂 Let's face it.

There are a lot of fish in the sea.

현실을 인정해. 세상에 여자는 많아.

🗨 어쩔 수 없는 현실을 인정하고 받아들이자고 말할 때 사용하는 표현으로, 직역하면 '현실과 부딪혀.'입니다. Let's face the reality., Let's face the fact., Let's face the truth.와 같이 말할 수도 있습니다.

🎯 • dump (사람) ~를 차다, 버리다
• fish 사람(남자, 여자)

MP3 016-2

강의를 들어보세요

Just act normal.

평소처럼 해.

📢 강세를 받는 act와 normal을 중심으로 단어를 연결하여 '저스**액노**우멀'의 리듬으로 발음합니다.

😎 He's gonna know you're behind this.

그는 네가 시킨 걸 알게 될 거야.

👩 That'll be the day. Just act normal.

그럴 리가 없어. 평소처럼 해.

🛍 소개팅을 하거나 면접 등을 준비하며 긴장하고 있는 사람에게 사용하는 표현으로, 직역하면 '평범하게 행동해.'입니다. 같은 뜻으로 Act normally., Just be yourself.처럼 말할 수도 있습니다.

 • be behind ~ 배후에 ~가 있다
• That'll be the day. 그럴 리가 없다., 해가 서쪽에서 뜬다.

Care to dance?

우리 춤출까?

📢 강세를 받는 Care와 dance를 중심으로 단어를 연결하여 '케어루댄스'의 리듬으로 발음합니다.

😎 I'm bored to death. Care to dance?

지루해 죽겠어. 우리 춤출까?

😊 No, thanks. I'm not good at dancing.

아니, 괜찮아. 춤을 잘 못 춰.

🛍 상대방에게 뭔가 하고 싶은 생각이 있는지 의향을 물어볼 때 사용하는 표현입니다. 원래는 Would you care to (동사원형)? 또는 Do you care to (동사원형)?인데, 종종 조동사와 주어를 생략하고 사용합니다.

• be bored to death 지루해 죽겠다
• be good at (명사/동명사) ~을 잘하다

강의를 들어보세요

MP3 017-2

55

Don't be silly.

바보같이 굴지 마.

강세를 받는 Don't와 silly를 중심으로 단어를 연결하여 '**돈**비**씰**리'의 리듬으로 발음합니다.

🔘 I called you twice.
Are you avoiding me?

두 번이나 전화했어. 날 피하는 거야?

🔘 Don't be silly. Why would I do that?

바보 같은 소리 마. 내가 왜 그러겠어?

상대방이 터무니없는 얘기를 할 때 그만하라고 농담조로 말하는 표현입니다. '말도 안 돼.'라고 할 때는 That's ridiculous., Are you kidding?이라고 하고, '멍청하게 굴지 마.'는 Don't be stupid.와 같이 말합니다.

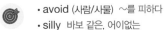

- avoid (사람/사물) ~를 피하다
- silly 바보 같은, 어이없는

MP3 018-1

Watch your step.

발밑 조심해.

강세를 받는 Watch와 step을 중심으로 단어를 연결하여 '**와츄어스텝**'의 리듬으로 발음합니다.

It's dark in here. Watch your step.

여기 어두워. 발밑 조심해.

Thanks for the heads-up.

미리 알려 줘서 고마워.

어두운 곳을 지나가면서 발을 헛딛지 않도록 조심하라고 말할 때 사용하는 표현입니다. 여기서 watch는 '조심하다'라는 뜻인데요, '말조심해.'는 Watch your language., '등 뒤를 조심해.'는 Watch your back.처럼 말할 수 있습니다.

MP3 018-2

- watch (사물) ~을 조심하다
- heads-up 경고, 주의

What's the point?

그게 무슨 소용 있어?

강세를 받는 What과 point를 중심으로 단어를 연결하여 '**와**쓰더**포**인'의 리듬으로 발음합니다.

👓 **Who are you gonna vote for?**

누구에게 투표할 거야?

🧑 **I'm not sure.** What's the point?

잘 모르겠어. 그게 뭐가 중요해?

시도해 봐야 별 소용이 없다며 자포자기하는 말을 할 때 쓰는 표현입니다. 원래 표현은 What's the point of (명사/동명사)?지만 상대가 앞에서 내용을 얘기했으므로 of 이하를 생략하고 간단히 What's the point?라고 하면 됩니다.

MP3 019-1

🎯 • vote for (사람) ～에게 투표하다
• I'm not sure. 확신이 없다., 잘 모르겠다.

How did it go?

어떻게 됐어?

📢 강세를 받는 How와 go를 중심으로 단어를 연결하여 '**하**우디릿**고**우'의 리듬으로 발음합니다.

👩 I heard you dated her. How did it go?

그녀와 데이트했다면서. 어떻게 됐어?

🤓 It was terrific. I want to meet her again.

끝내줬지. 다시 만나고 싶어.

📑 어떤 일의 결과에 대해 물어볼 때 사용하는 표현입니다. 동사 go는 '어떤 일이 진행된다'는 의미가 있습니다. 따라서 '~이 어떻게 됐어?'와 같이 물어볼 때 자주 사용되는데요, '시험 어땠어?'는 How did your test go?처럼 말할 수 있습니다.

🎯 • date (사람) ~와 데이트하다
• terrific 굉장한, 대단한

MP3 019-2

I can't help it.

어쩔 수 없어.

 강세를 받는 can't와 help를 중심으로 단어를 연결하여 '아이**캔헬**핏'의 리듬으로 발음합니다.

You don't know how to cook?

요리할 줄 모른다고?

I'm sorry, but I always mess up when I try. I can't help it.

미안한데, 뭘 시도할 때마다 망쳐 버렸어. 어쩔 수 없잖아.

어떤 상황에서 별다른 대안이 없을 때 사용하는 표현으로, 직역하면 '도움이 되질 못하다.'입니다. 같은 의미로 I can't help myself., There's nothing I can do.라고 말할 수 있습니다.

강의를 들어보세요
MP3 020-1

- how to (동사원형) ～하는 방법
- I'm sorry, but (주어) (동사) 미안하지만 ～하다

Glad you like it.

맘에 드니 다행이야.

강세를 받는 Glad와 like를 중심으로 단어를 연결하여 '**글래쥬라**이킷'의 리듬으로 발음합니다.

Thank you for the present. I love it.

선물 고마워. 너무 좋아.

I knew it. Glad you like it.

그럴 줄 알았어. 마음에 든다니 다행이야.

상대방이 기뻐하는 모습을 보고 기분이 좋다고 말을 할 때 사용하는 표현입니다. 원래는 I'm glad (주어) (동사) 형태인데, 여기서 I'm은 종종 생략됩니다. 초대한 손님에게 '와 줘서 기뻐요.'라고 말하려면 Glad you came over.라고 하면 됩니다.

MP3 020-2

- present 선물
- love (사물) ~을 좋아하다

Review Quiz

01 잘했어! 우리 파티 하자.

▢▢▢▢ for you! Let's ▢▢▢▢ a party.

02 재촉하지 마. 천천히 해야 해.

Don't ▢▢▢▢ me. I need to ▢▢▢▢ my time.

03 뭐 갖고 싶니? 장난감? 인형? 말만 해.

▢▢▢▢ do you want? A toy? A doll? You ▢▢▢▢ it.

04 이게 누구야! 세상 참 좁다.

▢▢▢▢ who's here! It's a ▢▢▢▢ world.

05 혼자 할 수 있겠어? 좀 도와줄까?

Can you do it by ▢▢▢▢? ▢▢▢▢ some help?

06 시간이 없어. 빨리 해.

We're ▢▢▢▢ of time. Make it ▢▢▢▢.

07 그녀가 날 찼다니 믿을 수가 없어.

I can't believe she ▢▢▢▢ me.

08 지루해 죽겠어. 우리 춤출까?

I'm ▢▢▢▢ to death. ▢▢▢▢ to dance?

09 여기 어두워. 발밑 조심해.

It's dark in here. ▢▢▢▢ your step.

10 그녀와 데이트했다면서. 어떻게 됐어?

I heard you ▢▢▢▢ her. How did it ▢▢▢▢?

DAY
021~030

You're a natural.

타고났구나.

📢 강세를 받는 You와 natural을 중심으로 단어를 연결하여 '유어**내**츄럴'의 리듬으로 발음합니다.

👓 You're such a good cook.
You're a natural.

넌 정말 훌륭한 요리사야. 타고났어.

👩 Thanks, but I'm not cut out for it.

고마워, 하지만 적성에 안 맞아.

📋 상대방이 어떤 기술에 탁월한 소질이 있을 때 칭찬으로 사용하는 표현입니다. '넌 타고난 가수야.'는 You're a born singer., You're a natural born singer., You're a singer by nature.와 같이 말할 수 있습니다.

🎯
• such a (형용사) (명사) 대단히 ~한 (사람/사물)
• a natural 타고난 사람
• be cut out for (명사) ~에 적합하다, 적성에 맞다

MP3 021-1

You're very sweet.

정말 친절하시네요.

강세를 받는 very와 sweet를 중심으로 단어를 연결하여 '유어**베리스윗**'의 리듬으로 발음합니다.

Thanks for seeing me off.
You're very sweet.

배웅해 줘서 고마워요. 정말 친절하시군요.

That's okay. Don't mention it.

괜찮아요. 별거 아니에요.

상대방의 친절과 호의에 대해 감동을 받았을 때 사용하는 표현으로, 직역하면 '정말 달콤하시네요.'입니다. 같은 의미로 You're very kind., How nice of you.와 같이 말할 수도 있습니다.

• see (사람) off ~를 배웅해 주다
• Don't mention it. 별말씀을., 천만에요.

Please put it on.

착용해 주세요.

📢 강세를 받는 Please와 put, on을 중심으로 단어를 연결하여 '**플리즈푸리론**'의 리듬으로 발음합니다.

😎 **Should I wear a safety belt?**

안전벨트를 매야 하나요?

😊 **Of course. Please put it on.**

물론이죠. 착용해 주세요.

🛍️ 무엇을 몸에 걸치거나 착용하라고 할 때 사용하는 표현입니다. 예를 들어 '바지 좀 입어.'는 Put your pants on.이라고 합니다. 참고로 안전벨트를 매라고 할 때는 Fasten your seat belt.나 Buckle up.과 같이 말합니다.

🎯 • wear a safety belt 안전벨트를 매다
• put (사물) on ~을 입다. 착용하다

I'm sorry I'm late.

늦어서 미안.

강세를 받는 sorry와 late을 중심으로 단어를 연결하여 '암**쏘**리암**레**잇'의 리듬으로 발음합니다.

I'm sorry I'm late. The traffic was heavy.

늦어서 미안해. 차가 너무 막혔어.

That's OK. You should leave a little earlier from next time.

괜찮아. 다음부터는 조금 일찍 나오면 되겠다.

약속 시간에 늦어서 미안하다고 할 때 사용하는 표현입니다. 기본형인 Sorry I'm late.에 이유를 나타내는 전치사 for를 추가하여 I'm sorry for being late., I'm sorry for the delay.와 같이 말할 수도 있습니다.

- I'm sorry (주어) (동사) ～해서 미안해
- The traffic is heavy. 차가 막히다.

강의를 들어보세요

MP3 022-2

We're almost there.

거의 다 왔어.

📢 강세를 받는 almost와 there를 중심으로 단어를 연결하여 **'위어올모스데**
어'의 리듬으로 발음합니다.

😎 I'm so beat.
How much farther should we go?

정말 지쳤어. 얼마나 더 가야돼?

😀 We're almost there. Just hang in there.

거의 다 왔어. 조금만 참아.

📑 등산이나 장거리 여행 중에 힘들어 하는 사람에게 목적지에 거의 도착했다고 말할
때 사용하는 표현으로, We are nearly there.라고 해도 됩니다. '절반 정도 왔어.'
는 We are halfway there.라고 말할 수 있습니다.

🎯 • beat 매우 피곤한 (=exhausted)
• hang in there 참고 견디다

MP3 023-1

These things happen.

그럴 수도 있지.

📢 강세를 받는 things와 happen을 중심으로 단어를 연결하여 '디즈**띵즈해**픈'의 리듬으로 발음합니다.

😎 I'm so sorry. I dropped your cell phone.

정말 미안해. 네 전화기를 떨어뜨렸어.

😀 No problem. These things happen.

괜찮아. 그럴 수도 있지.

🛍 어떤 일에 대해 대수롭지 않게 받아넘길 때 사용하는 표현입니다. 직역하면 '이런 일들은 일어나기 마련이지.'입니다. It happens all the time. 또는 It happens.처럼 간단히 말할 수도 있습니다.

강의를 들어보세요

MP3 023-2

🎯 • drop (사물) ~을 떨어뜨리다
   • No problem. 괜찮다.. 별거 아니다.

Put these away.

이것들 좀 치워.

📢 강세를 받는 Put과 away를 중심으로 단어를 연결하여 '**풋**디즈어**웨**이'의 리듬으로 발음합니다.

👓 I'm so distracted by your toys.
Put these away.

장난감 때문에 정신이 산만해. 좀 치워라.

🐵 OK, I'm coming. I'll clean up my room.

네, 알았어요. 방청소 할게요.

📋 상대방에게 어떤 물건을 치우라고 말할 때 사용하는 표현입니다. put away의 또 다른 의미로는 '돈을 모으다', '저축하다'가 있습니다. We're putting away some money.라고 쓰면 '우린 돈을 좀 모으고 있어.'라는 뜻이 됩니다.

강의를 들어보세요

MP3 024-1

• be distracted by (사물) ～ 때문에 정신이 산만하다
• clean up 청소하다, 정리하다

70

You move fast.

진도 빠르네.

강세를 받는 You와 fast를 중심으로 단어를 연결하여 '**유**뭅**패**스트'의 리듬
으로 발음합니다.

I made out with her last night.

어젯밤에 그녀와 진한 스킨십을 했어.

You move fast. Are you two going out?

진도 빠르네. 너희 두 사람 사귀는거야?

남녀가 서로 친밀해지는 속도가 빠를 때 사용하는 표현입니다. 너무 빨리 진도를 나가
지 말라고 할 때는 Don't get serious with her.라고 말합니다. 이성을 쉽게 유혹
하는 사람을 fast worker 또는 smooth operator라고 합니다.

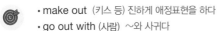

• make out (키스 등) 진하게 애정표현을 하다
• go out with (사람) ~와 사귀다

You'll be sorry.

후회할 거야.

강세를 받는 sorry를 중심으로 단어를 연결하여 '율비**쏘**리'의 리듬으로 발음합니다.

👓 **If you don't listen to me, you'll be sorry.**

내 말 안 들으면 후회하게 될 거야.

👤 **Who are you to lecture me?**

네가 뭔데 나한테 잔소리야?

상대방에게 시키는 대로 하지 않으면 후회하게 될 거라고 말할 때 쓰는 표현입니다. 과거의 행동에 대해 후회할 거라고 말할 때 You'll be sorry (주어) (과거동사)의 형태를 씁니다. '공부 열심히 안 한 거 후회하게 될 거야.'는 You'll be sorry you didn't study hard.처럼 말할 수 있습니다.

• listen to (사람) ~의 말을 듣다
• Who are you to (동사원형) 네가 뭔데 ~하는 거야?
• lecture 설교하다, 잔소리하다

You shouldn't have.

뭐 이런 걸 다.

📢 강세를 받는 shouldn't와 have를 중심으로 단어를 연결하여 '유**슈**든**햅**'의 리듬으로 발음합니다.

😎 I got you something from Jeju Island.

제주도에서 뭐 좀 사 왔어.

👩 You bought me a gift?

You shouldn't have.

선물 사 왔다고? 뭐 이런 걸 다.

📋 누군가로부터 뜻밖의 선물을 받았을 때 '그럴 필요 없는데', '안 그래도 되는데'라는 의미로 말할 때 사용하는 표현입니다. should have p.p.는 '~했어야 했다'라는 뜻인데, 부정어가 들어가 '이러지 않으셨어도 되는데.'라는 뜻이 된 것입니다.

🎯 • get (사람) (사물) ~에게 …을 사 주다, 갖다 주다
• gift 선물

It's an emergency.

급한 일이야.

강세를 받는 emergency의 두 번째 음절을 중심으로 단어를 연결하여 '이써
너**머**전씨'의 리듬으로 발음합니다.

It's an emergency. Call the police.

급한 일이에요. 경찰을 불러 주세요.

Relax. What's going on?

진정하세요. 무슨 일이죠?

긴급한 일이 발생했을 때 사용하는 표현입니다. 같은 의미로 It's urgent., This is
an emergency., Something urgent came up.처럼 말할 수도 있습니다. '집
에 급한 일이 생겼어요.'는 I have a family emergency.와 같이 말합니다.

• emergency 비상사태, 응급상황
• go on (어떤 일이) 진행되다

MP3 026-1

강의를
들어보세요

74

Are you finished?

끝냈어?

강세를 받는 finished를 중심으로 단어를 연결하여 '아유**피**니쉬드'의 리듬으로 발음합니다.

Are you finished with the report?

보고서 다 끝냈어?

Not yet. I can get it done by tomorrow.

아직. 내일까지 끝낼 수 있을 것 같아.

하고 있던 일을 끝내거나 음식을 다 먹었는지 물어볼 때 사용하는 표현으로, Are you done?이라고 말해도 됩니다. '술 끊었어.'는 I'm done with drinking., '그 사람이랑 헤어졌어.'라고 할 때도 I'm done with him.과 같이 말하면 됩니다.

강의를 들어보세요

MP3 026-2

• **Not yet.** 아직(~하지 않았어).
• **get** (사물) **done** ~을 끝내다

75

Hold on a sec.

잠시만 기다려.

강세를 받는 Hold와 sec을 중심으로 단어를 연결하여 '**홀돈어썍**'의 리듬으로 발음합니다.

 Check, please! How much is it?

계산해 주세요! 얼마예요?

Hold on a sec. This one is on me.

잠시만 기다려. 이건 내가 낼게.

상대방에게 잠시만 기다려 달라고 말할 때 사용하는 표현으로, 직역하면 '1초만 잡고 있어 줘.'입니다. 구어체에서는 자주 second를 줄여서 sec이라고 표현합니다. 같은 의미로 Hold on., Hold on a minute., Wait a moment.와 같이 말할 수 있습니다.

강의를 들어보세요

MP3 027-1

- Check, please! 계산서 주세요!
- (물건) is on (사람) 물건 값을 ~가 내다

Let's take a break.

잠시만 쉬자.

📢 강세를 받는 take와 break를 중심으로 단어를 연결하여 '레쓰**테**이꺼**브레**익'의 리듬으로 발음합니다.

😎 **I'm exhausted. Let's take a break.**

난 정말 지쳤어. 잠시만 쉬자.

🧑 **Come on! The peak is just right there.**

힘 내! 정상이 바로 저기야.

📋 어떤 활동 중에 잠시만 쉬자고 제안할 때 사용하는 표현입니다. 점심시간은 lunch break, 커피 마시는 시간은 coffee break라고 하죠. '커피 한 잔 하며 휴식 합시다.'는 Let's break for coffee. 또는 Let's have a coffee break.라고 말할 수 있습니다.

• exhausted 녹초가 된, 몹시 피곤한
• peak 정상, 봉우리

강의를 들어보세요

MP3 027-2

What brings you here?

여긴 어쩐 일이야?

강세를 받는 What과 brings, here를 중심으로 단어를 연결하여 '**왓브링**쥬**히**어'의 리듬으로 발음합니다.

What brings you here?
Do you live around here?
여긴 어쩐 일이세요? 근처에 사세요?

I was in the neighborhood
and dropped by.
근처에 볼일이 있어 왔다가 들렀어요.

어떤 장소에서 아는 사람을 만났을 때 무슨 일로 왔냐고 묻는 표현으로, 직역하면 '무엇이 당신을 여기 데려왔나요?'입니다. bring의 과거형을 사용해서 What brought you here? 또는 What are you doing here?와 같이 말할 수도 있습니다.

강의를
들어보세요

• around here 이 근처에
• be in the neighborhood 근처에 오다

MP3 028-1

What do you think?

어떻게 생각해?

📢 강세를 받는 what 과 think를 중심으로 단어를 뭉쳐서 '**와**루유**띵**'의 리듬
으로 발음합니다.

😎 **This is my idea. What do you think?**
내 아이디어야. 어떻게 생각해?

😊 **Sounds good to me. You're a genius.**
좋은 생각인데. 넌 천재야.

📋 본인의 생각을 말하고 나서 상대방의 의견을 물어볼 때 사용하는 표현입니다. 우리말
그대로 직역해서 How do you think?라고 말하지 않도록 주의해야 합니다. 같은 뜻
으로 What do you say?, What's your opinion?이라고 해도 됩니다.

🎯 • **sounds good** 좋은 생각이야
   • **genius** 천재

I don't think so.

난 다르게 생각해.

강세를 받는 think와 so를 중심으로 단어를 연결하여 '아돈**띵쏘**우'의 리듬으로 발음합니다.

I think he is a reliable person.

그 사람은 믿을 만한 사람인 것 같아.

I don't think so. He's two-faced.

난 다르게 생각해. 그는 이중적이야.

상대방의 의견에 동의하지 않고 생각이 다를 때 사용하는 표현입니다. 유사한 의미의 문장으로 I don't agree with you., I'm not sure., No way. 등이 있습니다. 반대로 찬성할 때는 I agree., I'm with you., You're right.처럼 말하면 됩니다.

- **reliable** 믿을 만한, 신뢰할 만한
- **two-faced** 두 얼굴의, 위선적인

강의를 들어보세요

MP3 029-1

I'll go get the car.

차 가져올게.

🔊 강세를 받는 go와 get, car를 중심으로 단어를 연결하여 '알**고**우**겟**더**카**'의 리듬으로 발음합니다.

😀 I hear your wife went into labor.

당신 부인이 진통을 시작했대요.

🤓 OK. I'll go get the car.

알았어요. 차 가져올게요.

🛍 go get은 무엇을 가져오겠다고 할 때 사용하는 표현입니다. 원래는 go and get (동사원형)의 형태인데 편의상 and를 생략하고 사용합니다. I'll go get (사물)의 형태로 쓰는데, 사물의 자리에는 chair, beer, I.D. card 등이 올 수 있습니다.

🎯
- go into labor 산기가 있다
- go get (사물) 가서 ~을 가져오다

Don't get me wrong.

오해하지 마.

강세를 받는 Don't와 get, wrong을 중심으로 단어를 연결하여 **'돈겟미롱'** 의 리듬으로 발음합니다.

Are you saying that I'm fat?

내가 뚱뚱하다고 말하는 거야?

Don't get me wrong.
I didn't mean it like that.

오해하지 마. 그런 뜻이 아니었어.

상대방에게 자신이 한 말에 대해 오해하지 말라고 말할 때 사용하는 표현입니다. 유사한 의미의 문장으로 You got me wrong., Don't take this the wrong way., That was a misunderstanding. 등이 있습니다.

- Are you saying that (주어) (동사)? ~라고 말하는 거야?
- didn't mean it 진심이 아니었다

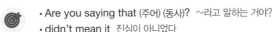

I turned it off.

전화기 꺼 놨었어.

📢 강세를 받는 turned와 off를 중심으로 단어를 연결하여 '아이**턴**딧**어**프'의
리듬으로 발음합니다.

😎 Why didn't you answer your cell
phone?

왜 휴대폰 안 받았어?

🧑 I turned it off. My battery was really low.

꺼 놨었어. 배터리가 거의 없어서.

📋 전기용품, 수도밸브, 전자기기 등을 끈다고 할 때 사용합니다. 'TV 좀 꺼 주세요.'는
Please turn off the TV.라고 합니다. 참고로 turn down은 '소리를 줄이다'라는
뜻으로, Please turn down the TV.라고 하면 'TV 소리 좀 줄여 주세요.'라는 뜻이
됩니다.

• answer the cell phone 휴대폰을 받다
• battery is low 배터리가 얼마 없다

MP3 030-2

83

Review Quiz

01 넌 정말 훌륭한 요리사야. 타고났어.

You're such a good ▩▩▩▩▩. You're a ▩▩▩▩▩▩▩.

02 늦어서 미안해. 차가 너무 막혔어.

I'm sorry I'm ▩▩▩▩▩. The traffic was ▩▩▩▩▩▩.

03 거의 다 왔어. 조금만 참아.

We're almost ▩▩▩▩▩. Just ▩▩▩▩▩ in there.

04 괜찮아. 그럴 수도 있지.

No ▩▩▩▩▩▩. These things ▩▩▩▩▩▩.

05 내 말 안 들으면 후회하게 될 거야.

If you don't ▩▩▩▩▩▩ to me, you'll be ▩▩▩▩▩▩.

06 선물 사 왔다고? 안 그래도 되는데.

You ▩▩▩▩▩▩ me a gift? You ▩▩▩▩▩▩ have.

07 잠시만 기다려. 이건 내가 낼게.

▩▩▩▩▩▩ on a sec. This one is ▩▩ me.

08 난 정말 지쳤어. 잠시만 쉬자.

I'm ▩▩▩▩▩▩. Let's take a ▩▩▩▩▩.

09 내 아이디어야. 어떻게 생각해?

This is my idea. ▩▩▩▩▩ do you think?

10 오해하지 마. 그런 뜻이 아니었어.

Don't get me ▩▩▩▩▩▩. I didn't ▩▩▩▩▩▩ it.

DAY
031~040

Why are you up?

안 자고 뭐 해?

📢 강세를 받는 Why와 up을 중심으로 단어를 연결하여 '**와**이아유**업**'의 리듬 으로 발음합니다.

😎 **Why are you up at this hour?**

이 시간에 안 자고 뭐 해?

🧑 **I'm working on my paper.**
It's due tomorrow.

리포트 쓰고 있어. 내일까지거든.

📑 상대방이 늦은 시간까지 잠자리에 들지 않고 깨어 있을 때 하는 말이죠. be up은 '자 지 않고 일어나 있다'는 뜻입니다. What are you doing still up?과 What are you doing up so late? 등의 문장도 같은 뜻입니다.

강의를
들어보세요

MP3 031-1

🎯 • at this hour 이 시간에
• (사물) is due (시점) ~의 기한이 …까지이다

I beg your pardon?

뭐라고 하셨죠?

🔊 강세를 받는 beg과 pardon을 중심으로 단어를 연결하여 '아벡**유**어파든'의 리듬으로 발음합니다.

😎 **You can't quit. You're fired!**

네가 그만두는 게 아니야. 넌 해고야!

👩 **I beg your pardon? I can't catch you.**

뭐라고 하셨죠? 이해가 안 되는데요.

📋 상대방의 말을 잘 못 알아들었을 때 다시 말해 달라고 요청하는 표현입니다. 일반적으로 I'm sorry?, Excuse me?, Pardon me?라고 하고, 좀 더 격식을 갖출 때만 I beg your pardon?이라고 합니다.

• **be fired** 해고되다
• **I can't catch you.** 이해를 못 했어요.

강의를 들어보세요

MP3 031-2

DAY 032

Is she still online?

아직 접속 중이야?

강세를 받는 still과 online을 중심으로 단어를 연결하여 '이쉬**스띨언라**인'의 리듬으로 발음합니다.

The screen is frozen. Is she still online?

화면이 멈췄어. 그녀는 아직 접속 중이야?

I'm not sure.
Use your smartphone to check it.

잘 모르겠어. 스마트폰으로 확인해 봐.

상대방이 컴퓨터나 메신저 등에 접속하고 있는지 물어볼 때 사용하는 표현입니다. online은 형용사나 부사로 사용이 되는데요, '이거 인터넷에서 샀어.'는 I got this online., 그리고 '온라인 게임 좋아해?'는 Do you like to play online games? 와 같이 말할 수 있습니다.

- The screen is frozen. (컴퓨터 등의) 화면이 멈추다.
- use (사물) to check it ~을 이용해 확인하다

MP3 032-1

It pisses me off.

열 받게 하네.

📢 강세를 받는 pisses와 off를 중심으로 단어를 연결하여 '잇**피**시즈미**어**프'의 리듬으로 발음합니다.

🧑 **Why are you taking it out on him?**

왜 걔한테 화풀이하는 거야?

🧑 **It pisses me off when he talks back to me.**

걔가 나한테 말대꾸할 때 열 받잖아.

📑 누군가를 극도로 화나게 해서 열 받을 때 사용하는 표현입니다. annoy, bug, irritate 등의 '짜증나다'보다 강하게 표현할 때 쓰입니다. '나 완전 열 받았어.'는 I'm so pissed off.라고 말하면 됩니다. 같은 뜻의 문장으로 It burns me up., I'm fired up. 등이 있습니다.

 • take it out on (사람) ～에게 화풀이하다
• talk back to (사람) ～에게 말대꾸하다

DAY
033

I think I'll pass.

사양할게요.

📢 강세를 받는 think와 pass를 중심으로 단어를 연결하여 '아**띤칼패**스'의 리듬으로 발음합니다.

👓 We're having a year-end party.
Want to come?

우리 송년회 하려고 하는데. 같이 갈래?

👤 I think I'll pass.
I have too much work to do.

난 사양할게. 할 일이 너무 많아.

📋 어떤 모임에 참석을 권유 받거나 음식을 먹으라고 할 때 정중히 사양하는 표현으로, 직역하면 '난 지나갈 생각이야.'입니다. 같은 뜻의 문장으로 No, thank you., No, thanks., No, that's OK. 등이 있습니다.

🎯 • year-end party 송년회, 망년회
• Want to (동사원형)? ~할래?

90

I hope this works.

효과가 있으면 좋겠어.

강세를 받는 hope와 works를 중심으로 단어를 연결하여 '아이**홉디**스**웍**스'의 리듬으로 발음합니다.

She's in a bad mood for some reason.

뭐 때문인지 그녀가 기분이 안 좋아.

I got a bunch of flowers.

I hope this works.

그녈 위해 꽃다발을 샀어. 효과가 있으면 좋겠어.

어떤 조치를 취하고 나서 긍정적인 효과를 기대할 때 사용하는 표현입니다. '효과가 있을 거야.'라는 뜻으로, It'll be effective., It should do the trick.과 같이 말해도 같은 의미입니다. '약이 정말 잘 들어.'라고 할 때는 The medicine works instantly.와 같이 말할 수 있습니다.

MP3 033-2

- be in a bad mood 기분이 안 좋다
- for some reason 무슨 이유인지

I owe you a beer.

너한테 맥주 빚졌어.

📢 강세를 받는 owe와 beer를 중심으로 단어를 연결하여 '아**오**우유어**비**어'의
리듬으로 발음합니다.

👓 Let me pay for this. What's the total?

이건 내가 계산할게. 전부 얼마죠?

👩 Thanks. I owe you a beer.

고마워. 맥주 한 번 빚졌네.

📋 누구에게 돈을 빌리거나 술을 얻어먹고 신세를 지게 되었을 때 사용하는 표현입니
다. '너한테 신세졌어.'는 I owe you one., '너한테 술 한 잔 빚졌다.'라고 할 때는
I owe you a drink., '내가 얼마 줘야 하니?'는 What do I owe you?라고 하면
됩니다.

🎯 • pay for (사물) ~를 계산하다, 지불하다
• What's the total? 전부 얼마예요?

MP3 034-1

That's good to hear.

다행이네요.

🔊 강세를 받는 good과 hear를 중심으로 단어를 연결하여 '대쓰**그트히**어'의 리듬으로 발음합니다.

👨 **He is coming around quite well.**

그는 잘 회복하고 있어요.

🧑 **That's good to hear.**
Is it OK to visit him?

다행이네요. 병문안 가도 되나요?

📋 상대방에게 좋은 소식을 듣거나 마음이 놓이는 이야기를 듣고 안도할 때 사용하는 표현으로, 직역하면 '소식을 듣게 되어 다행이야.'입니다. 같은 의미로 I'm glad to hear that., Happy to hear that., That's good news.와 같이 말할 수도 있습니다.

🎯 • come around 회복하다
• Is it OK to (동사원형)? ~해도 되나요?

Don't fall for it.

속지 마.

🔊 강세를 받는 Don't와 fall을 중심으로 단어를 연결하여 '**도운폴포잇**'의 리듬
으로 발음합니다.

😀 He's the total package.
Handsome and intelligent.

그는 완벽남이야. 잘생겼고 똑똑해.

🤓 Don't fall for it. He could be a playboy.

속지 마. 바람둥이일 수도 있어.

📋 다른 사람에게 속아 넘어가지 말라고 주의를 줄 때 사용하는 표현입니다. fall for는
'~에게 속다' 또는 '~에게 반하다'라는 뜻이 있습니다. '난 그 말에 속지 않을 거야.'
는 I'm not falling for that., '그녀에게 첫눈에 반했어.'는 I fell for her at
first sight.와 같이 말할 수 있습니다.

강의를
들어보세요

MP3 035-1

🎯 • the total package 모든 걸 갖춘 사람
• playboy 바람둥이 (=womanizer)

It didn't ▶ work out.

잘 안 됐어.

📢 강세를 받는 work와 out을 중심으로 단어를 연결하여 '이디든**워까**웃'의 리듬으로 발음합니다.

👓 **How was your blind date last week?**
지난주 소개팅 어떻게 됐어?

👩 **It didn't work out. He's not my type.**
잘 안 됐어. 그는 내 취향이 아니야.

📋 어떤 일의 결과가 원하는 대로 나오지 않았을 때 사용하는 표현입니다. 잘 되고 있다고 말할 때는 It's going pretty well.과 같이 표현하며, 일이 잘 끝났을 경우 It came out well.이나 It turned out well.처럼 말할 수 있습니다.

🎯 • blind date 소개팅
• one's type ~의 타입, 취향

Just hear me out.

끝까지 들어 봐.

강세를 받는 hear와 out을 중심으로 단어를 연결하여 '저스**히**어미**아**웃'의 리듬으로 발음합니다.

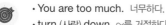 **You are too much.**
How could you dump her?

너무한다. 어떻게 그녀를 차 버릴 수 있어?

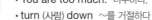 Just hear me out. **She turned me down.**

내 말 끝까지 들어. 그녀가 거절했어.

대화를 하는 도중에 오해가 있을 경우 이야기를 끝까지 들어 달라고 말할 때 사용하는 표현입니다. 여기서 부사 out은 '끝까지', '남김없이'라는 의미를 담고 있습니다. Listen to me.나 Let me tell you something.이라고 해도 비슷한 의미입니다.

• You are too much. 너무하다.
• turn (사람) down ～를 거절하다

I feel really awful.

기분이 엉망이야.

📢 강세를 받는 feel과 really, awful을 중심으로 단어를 연결하여 '아**쀨릴**리 **어**펄'의 리듬으로 발음합니다.

😎 **Don't be upset by what I said.**

내가 한 말 때문에 속상해 하지 마.

🙍 **Do you mind? I feel really awful.**

그만 좀 할래? 기분이 정말 엉망이야.

🛍 상대방의 말이나 행동에 대해 속상하거나 기분이 좋지 않을 때 사용하는 표현입니다. '기분이 좋지 않다.'는 뜻으로 I feel bad., I'm not happy about that., I'm in a bad mood.라고 할 수도 있습니다.

• be upset 속상하다, 화나다
• Do you mind? (짜증내며) 그만 좀 할래?

97

It's driving me crazy.

정말 미치겠어.

📢 강세를 받는 driving과 crazy를 중심으로 단어를 연결하여 '이츠**드라**이빙 **미크레**이지'의 리듬으로 발음합니다.

🤓 **I can't take the smoke over there.**

저쪽에 담배 연기 정말 못 참겠어.

🙂 **Exactly. It's driving me crazy.**

맞아. 정말 미치겠어.

🛍 어떤 것 때문에 스트레스를 받아서 미칠 것 같다고 말할 때 사용하는 표현입니다. '너 때문에 미치겠어.'는 You are driving me crazy., '스팸전화 때문에 미치겠어.' 는 Spam calls are driving me crazy., '그녀가 바가지 긁어서 미치겠어.'는 Her constant nagging drives me crazy.라고 표현합니다.

🎯 • can't take (사물) ~을 참지 못하다
• Exactly. 맞아.. 정말 그래.

강의를
들어보세요

MP3 037-1

Long time no see.

오랜만이야.

각 단어의 강세를 받는 음절에 주의하며 단어를 연결하여 '**롱타임노우씨**'와 같이 발음합니다.

Long time no see. How are you doing?

오랜만이야. 어떻게 지내?

I'm doing great. Time sure flies.

잘 지내지. 세월 참 빠르다.

오랜만에 만난 상대에게 반가움의 인사를 할 때 사용하는 표현입니다. 직역하면 '오랫동안 보지 못했다.'입니다. It's been ages., It's been a long time., I haven't seen you in ages. 등도 같은 뜻을 가진 문장입니다.

• be doing great 잘 지내다
• Time flies. 시간이 빨리 간다.

It's not worth it.

그럴 가치도 없어.

강세를 받는 not과 worth를 중심으로 단어를 연결하여 '이츠**낫워**릿'의 리듬으로 발음합니다.

She stood me up again yesterday.
어제 그녀에게 또 바람 맞았어.

Don't wait for her. It's not worth it.
기다리지 마. 그럴 가치도 없어.

어떤 일에 대해 금전적인 면이나 노력에 대한 가치를 말할 때 사용하는 표현입니다. '해 볼 만한 가치가 있다.'는 It's worth a try., '노력을 들일 가치가 있다.'는 It's worth the effort., '고생할 가치가 있다.'는 It's worth the trouble.처럼 표현할 수 있습니다.

• stand (사람) up ~를 바람맞이다
• be worth (명사/동명사) ~할 가치가 있다

100

I don't feel like it.

그럴 기분이 아니야.

📢 강세를 받는 feel을 중심으로 단어를 연결하여 '아돈**삘**라이킷'의 리듬으로 발음합니다.

😎 **Why don't you have a beer tonight?**

오늘 저녁에 맥주 한잔 할래?

😀 **Thanks, but** I don't feel like it.

고마운데, 그럴 기분이 아니야.

📋 상대방의 제안에 대해 기분이 내키지 않는다고 완곡히 거절할 때 사용하는 표현으로, 직역하면 '그런 느낌이 아니야.'입니다. 동의어로 I'm not in the mood.가 있습니다.

🎯 • Why don't you (동사원형)? ~하는 게 어때?
• feel like (명사/동명사) ~하고 싶은 기분이다

MP3 038-2

You are a lifesaver.

덕분에 살았어.

🔊 강세를 받는 You와 lifesaver를 중심으로 단어를 연결하여 '**유**아어**라**입세이버'의 리듬으로 발음합니다.

😎 I really appreciate it. You are a lifesaver.

정말 감사합니다. 절 살려 주셨어요.

😀 No sweat. I've been there myself.

괜찮아요. 저도 그런 적 있었거든요.

🛍️ 어려운 상황에서 누군가의 도움으로 위기를 벗어났을 때 사용하는 표현입니다. 직역하면 '넌 생명의 은인이야.'입니다. 같은 뜻으로 You are an angel., You saved my life.와 같이 말할 수도 있습니다.

 • No sweat. 괜찮다., 별거 아니다.
• I've been there myself. 나도 그런 적 있다.

Mind if I come in?

들어가도 돼요?

강세를 받는 Mind와 come, in을 중심으로 단어를 연결하여 '**마**인디**퐈**이 **커민**'의 리듬으로 발음합니다.

Sorry to interrupt. Mind if I come in?

방해해서 미안해요. 들어가도 돼요?

Not at all. Please enter.

그럼요. 어서 들어오세요.

상대방에게 어떤 행동을 해도 되는지 허락을 구할 때 사용하는 표현입니다. 원래 문장은 Do you mind if (주어) (동사)?인데, Do you를 생략하고 Mind if (주어) (동사)?의 형태로 자주 사용됩니다. '담배를 피워도 되나요?'는 Mind if I smoke?, '친구 데려가도 돼?'는 Mind if I bring a friend?라고 표현하면 됩니다.

MP3 039-2

- **interrupt** 방해하다, 끼어들다
- **enter** 입장하다

I've gotta take off.

그만 가 볼게.

🔊 강세를 받는 take와 off를 중심으로 단어를 연결하여 '압가러**테**이**껍**'의 리듬으로 발음합니다.

👓 **I stayed too long. I've gotta take off.**

너무 늦었어요. 그만 가 볼게요.

👩 **Thank you. We had a fabulous time.**

고마워요. 좋은 시간이었어요.

🏷 상대방과 대화를 마치고 헤어질 때 사용하는 표현으로, 직역하면 '떠나야 해.'입니다. '이제 가 봐야겠다.'라는 뜻으로 I'd better go now., I think I have to go.와 같이 말할 수도 있습니다.

🎯 • stay too long 너무 오래 머무르다
• have a fabulous time 멋진 시간을 보내다

What did I tell you?

내가 뭐랬어?

📢 강세를 받는 What과 tell을 중심으로 단어를 연결하여 '**왓**디라이**텔**유'의 리듬으로 발음합니다.

😎 I think I'm gaining weight.
I need to work out.

나 살찌고 있는 것 같아. 운동 좀 해야겠어.

🧑 What did I tell you?
Don't eat between meals.

내가 뭐랬어? 간식 먹지 마.

📋 자신의 충고대로 하지 않아 좋지 않은 결과를 얻은 상대를 힐책하며 사용하는 표현입니다. 유사한 의미로 '내가 몇 번이나 말했어?'는 How many times have I told you?와 같이 말할 수 있습니다.

강의를 들어보세요

🎯 • gain weight 체중이 늘다
• work out 운동하다

MP3 040-2

Review Quiz 🎯

01 걔가 나한테 말대꾸할 때 열 받잖아.

It ▢▢▢▢ me off when he talks ▢▢▢▢ to me.

02 우리 송년회 하려고 하는데. 같이 갈래?

We're having a ▢▢▢▢ party. Want to ▢▢▢▢?

03 뭐 때문인지 그녀가 기분이 안 좋아.

She's in a bad ▢▢▢▢ for some reason.

04 이건 내가 계산할게. 전부 얼마죠?

Let me ▢▢▢▢ for this. What's the ▢▢▢▢?

05 그는 완벽남이야. 잘생겼고 똑똑해.

He's the total ▢▢▢▢. Handsome and ▢▢▢▢.

06 그만 좀 할래? 기분이 정말 엉망이야.

Do you ▢▢▢▢? I feel really ▢▢▢▢.

07 오랜만이야. 어떻게 지내?

▢▢▢▢ time no see. How are you ▢▢▢▢?

08 어제 그녀에게 또 바람 맞았어.

She ▢▢▢▢ me up again yesterday.

09 방해해서 미안해요. 들어가도 돼요?

Sorry to ▢▢▢▢. ▢▢▢▢ if I come in?

10 너무 늦었어요. 그만 가 볼게요.

I ▢▢▢▢ too long. I've gotta ▢▢▢▢ off.

정답 | 01. pisses / back 02. year-end / come 03. mood 04. pay / total 05. package / intelligent 06. mind / awful 07. Long / doing 08. stood 09. interrupt / Mind 10. stayed / take

DAY
031~
040

106

DAY
041~050

It makes me sick.

지긋지긋해.

강세를 받는 makes와 sick을 중심으로 단어를 연결하여 '잇**메익스미씩**'의 리듬으로 발음합니다.

I'm fed up with instant food.

난 즉석식품에 질렸어.

Me too. It makes me sick.

나도. 정말 지긋지긋해.

어떤 대상이 너무 싫어서 보거나 생각만 해도 역겹다고 말할 때 사용하는 표현입니다. 지겹다는 뜻으로 I'm sick of it., I'm tired of it., I'm bored with it. 등의 표현이 있습니다.

- be fed up with (사람/사물) ~에 진저리 나다
- instant food 즉석식품

강의를 들어보세요

MP3 041-1

108

You can't be serious.

농담이겠지.

🔊 강세를 받는 can't와 serious를 중심으로 단어를 연결하여 '유**캔**비**씨**어리어스'의 리듬으로 발음합니다.

😎 I've decided not to go to college.

나 대학에 안 가기로 결정했어.

🧑 You can't be serious.
Are you out of your mind?

농담이겠지. 너 제정신이야?

📑 상대방에게 충격적인 말을 듣고 믿지 못할 때 사용하는 표현인데, 직역하면 '진심일 리 없어.'입니다. 유사한 의미의 문장으로 That's ridiculous., Are you kidding?, Give me a break. 등이 있습니다.

🎯 • decide not to (동사원형) ~ 안 하기로 결심하다
• be out of one's mind 제정신이 아니다

You seem very nice.

좋은 분 같네요.

강세를 받는 seem과 very nice를 중심으로 단어를 연결하여 '유**씸붸**리**나** 이스'의 리듬으로 발음합니다.

You seem very nice.
You must be popular.

좋은 분 같네요. 인기 많으시겠어요.

Thanks. I think you have a good heart.

고마워요. 당신은 착한 것 같아요.

상대방에게 호감을 느끼며 성격이 좋다고 말할 때 사용하는 표현입니다. seem 다음 에 형용사가 오면 '~인 것 같다', '~인 것처럼 보이다'의 뜻이 됩니다. '너 피곤해 보 여.'는 You seem tired., '너 바빠 보여.'는 You seem busy.라고 합니다.

• must be (형용사) ~임에 틀림없다
• have a good heart 마음이 착하다

I feel sorry for her.

그녀가 안됐어.

 강세를 받는 feel과 sorry를 중심으로 단어를 연결하여 '아**필쏘**리포허'의 리듬으로 발음합니다.

Julie's mom passed away yesterday.
줄리 엄마가 어제 돌아가셨어.

I'm sorry to hear that.
I feel sorry for her.
정말 유감이야. 그녀가 안됐어.

누군가에게 딱한 일이 생겨서 애처로움을 나타낼 때 사용하는 표현으로, 직역하면 '그녀를 불쌍하게 느끼다.'입니다. '불쌍해'라는 의미로 Poor thing!, Poor soul!과 같이 말할 수 있습니다.

강의를 들어보세요

MP3 042-2

- pass away 사망하다, 돌아가시다
- sorry to hear (사물) ~을 듣게 되어 유감이다

We can't afford this.

여력이 안 돼.

📢 강세를 받는 can't와 afford this를 중심으로 단어를 연결하여 '위**캔**어**포**어
디스'의 리듬으로 발음합니다.

👓 **I want to buy this house this year.**

올해에 이 집을 사고 싶어.

🧑 **I'd like to, but we can't afford this.**

나도 그러고 싶지만, 우린 여력이 안 돼.

🗂 어떤 일을 할 시간적인 여유가 없거나 물건을 구입할 경제적인 형편이 되지 않을
때 사용하는 표현입니다. '휴가 갈 형편이 안 돼요.'는 I can't afford to go on
vacation., '더 기다려 줄 여유가 없어요.'는 We can't afford to wait any
longer.와 같이 표현할 수 있습니다.

🎯 • I'd like to, but (주어) (동사) 그러고 싶지만 ~하다
• can't afford (명사/to 동사원형) ~할 여력이 안 되다

Thanks for all your help.

도와줘서 고마워.

📢 강세를 받는 Thanks와 all, help를 중심으로 단어를 연결하여 '**땡**스포**올**유어**헤**업'의 리듬으로 발음합니다.

😎 Thanks for all your help.
How can I repay you?
도와줘서 정말 고마워. 어떻게 보답하지?

😊 My pleasure. I'm glad I could help.
천만에. 도움이 돼서 기뻐.

📑 도와준 상대에게 감사의 인사를 할 때 사용하는 표현입니다. Thank you for (사물)은 '~에 대해 감사하다'라는 뜻인데요, 줄여서 Thanks.라고 하기도 합니다. '초대해 줘서 고마워요.'는 Thanks for the invitation., '와 줘서 고마워요.'는 Thanks for coming.이라고 하면 됩니다.

🎯 • My pleasure. 천만에요., 내가 좋아서 한 거예요.
• I am glad (주어) (동사) ~해서 기쁘다

It's just a matter of time.

시간문제일 뿐이야.

강세를 받는 matter와 time을 중심으로 단어를 연결하여 '이츠저스터**매**러업**타**임'의 리듬으로 발음합니다.

Sorry, I'm a hunt-and-peck typist.

미안해. 내가 독수리 타법이라서.

No worries. It's just a matter of time before you get it.

걱정 마. 익숙해지는 건 시간문제일 뿐이야.

시간이 흐르면 자연스럽게 해결될 문제이므로 걱정하지 말라고 말할 때 사용하는 표현입니다. It's just a question of time., It's just a question of when.과 같이 표현할 수도 있습니다.

• hunt-and-peck typist 독수리 타법으로 치는 사람
• No worries. 괜찮아., 걱정 마.

Sorry, it took so long.

오래 걸려서 미안해.

📢 강세를 받는 Sorry와 took, long를 중심으로 단어를 연결하여 '**쏘**리잇**툭 쏘롱**'의 리듬으로 발음합니다.

😎 Sorry, it took so long.
You wanted to see me?
오래 걸려서 미안해. 날 찾았다면서?

🧑 I'm leaving early today.
I have some errands to run.
오늘 일찍 퇴근할게. 볼일이 좀 있어서.

📑 상대방에게 오래 기다리게 해서 미안하다고 말할 때 사용하는 표현입니다. 같은 의미로 Sorry to keep you waiting., Sorry I kept you waiting.과 같이 말할 수도 있습니다.

🎯 • leave early 일찍 퇴근하다
• have some errands to run 볼일이 있다

MP3 044-2

I'm not mad at you.

너한테 화난 거 아니야.

강세를 받는 not과 mad를 중심으로 단어를 연결하여 '암**낫맷**앳유'의 리듬으로 발음합니다.

You don't have to get so upset.

그렇게 화낼 필요 없잖아.

Take it easy. I'm not mad at you.

진정해. 너한테 화난 거 아니야.

왜 화를 내냐고 묻는 사람에게 상대방 때문에 화난 게 아니라고 말할 때 사용하는 표현입니다. be mad at (사람)은 '~에게 화가 나다'라는 뜻입니다. '그녀에게 화났어.'는 I'm mad at her., '내 자신에게 화났어.'는 I'm mad at myself.와 같이 말할 수 있습니다.

강의를
들어보세요

MP3 045-1

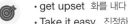

• get upset 화를 내다
• Take it easy. 진정하다.

116

I'll have a light lunch.

점심 가볍게 먹어야겠다.

강세를 받는 light lunch를 중심으로 단어를 연결하여 '알해버**라잇런**취'의 리듬으로 발음합니다.

We have reservations at a buffet tonight.

오늘 저녁에 뷔페 예약해 놨어.

Great! I'll have a light lunch then.

신난다! 그럼 점심 가볍게 먹어야겠다.

점심을 가볍게 먹자고 말할 때 사용하는 표현입니다. '간단히 먹다'라는 표현은 '한 입'이라는 의미의 bite를 사용하기도 합니다. 격식이 없는 사이에 '간단히 뭐 좀 먹자.'라고 할 때 Let's grab a bite.라고 말합니다.

- have reservations at (장소) ~에 예약을 해 놨다
- light lunch 간단한 점심

MP3 045-2

I'm really gonna miss you.

많이 보고 싶을 거야.

📢 강세를 받는 really와 miss를 중심으로 단어를 연결하여 '암**뤌**리거너**미**스유'의 리듬으로 발음합니다.

👓 I'm really gonna miss you.
Let's keep in touch.

많이 보고 싶을 거야. 연락하며 지내.

👩 Yes, I'll. Take care of yourself.

그럴게. 몸조심하고 잘 지내.

🏷️ 정들었던 사람과 헤어지게 되어 아쉬운 마음을 전할 때 사용하는 표현으로, 직역하면 '그리워 할 거예요.'입니다. *I miss you like crazy (미치게 보고 싶어요)*라는 제목의 노래도 있습니다. 간단하게 I'll be missing you.라고 말해도 됩니다.

🎯 • keep in touch 연락하며 지내다
• Take care of yourself. 몸조심해.. 잘 지내.

How's the hangover?

숙취는 좀 어때?

강세를 받는 How와 hangover를 중심으로 단어를 연결하여 '**하**우스더**행**오버'의 리듬으로 발음합니다.

I got hammered last night.
How's the hangover?

나 어제 완전히 맛이 갔어. 숙취는 좀 어때?

My head is killing me. Let's go eat hangover soup.

머리가 너무 아파. 해장국 먹으러 가자.

술을 마신 사람에게 다음 날 속은 괜찮은지 안부를 물을 때 사용하는 표현입니다. 해장술은 a hair of the dog이라고 하는데 '개에게 물린 상처에는 그 개의 털이 효과가 있다.'는 미국 속담에서 나온 표현입니다.

MP3 046-2

- get hammered 만취하다, 고주망태가 되다
- hangover soup 해장국

119

DAY 047

It was an honest mistake.

단순한 실수였어.

강세를 받는 honest와 mistake를 중심으로 단어를 연결하여 '이워전**어**니 스미스**떼익**'의 리듬으로 발음합니다.

I think you should take the blame for it.

그건 네가 책임져야 한다고 생각해.

I told you it was an honest mistake.

단순한 실수였다고 말했잖아.

고의성 없는 실수를 한 사람에게 너무 심하게 비난을 할 경우 방어할 때 사용하는 표현으로, 직역하면 '그것은 정직한 실수였다.'입니다. '실수로 그랬어.'는 I did it by mistake., '우연히 그렇게 됐어.'는 I did it by chance.라고 말합니다.

MP3 047-1

• take the blame for (사물) ～에 대해 책임을 지다
• honest mistake 고의성 없는 실수, 단순한 실수

Let me get this straight.

이건 분명히 해 두자.

강세를 받는 Let과 get, straight를 중심으로 단어를 연결하여 '**렛**미**겟**디 **스트레**잇'의 리듬으로 발음합니다.

Don't you get it? I made it simple for you to understand.

모르겠어? 네가 이해하기 쉽게 얘기했는데.

Okay. Let me get this straight once and for all.

좋아. 마지막으로 한 번 정리해 보자.

대화한 내용을 명확하게 정리하고 넘어가자고 말할 때 사용하는 표현입니다. 같은 뜻으로 Let me make it clear., I want to clarify this.와 같이 말할 수도 있습니다.

- **get it** 이해하다, 알다
- **make it simple** 쉽게 말하다
- **once and for all** 마지막으로 한 번

MP3 047-2

What are you waiting for?

뭘 기다리는 거야?

강세를 받는 What과 waiting, for를 중심으로 단어를 연결하여 '**와**라유**웨**이링**포**'의 리듬으로 발음합니다.

He left me for another woman.

그가 다른 여자 때문에 날 떠났어.

What are you waiting for? Go get him.

뭘 기다리는 거야? 가서 붙잡아.

결정을 하지 못하고 망설이는 사람에게 행동을 촉구할 때 사용하는 표현으로, 직역하면 '뭘 기다리고 있어?'입니다. '한번 해 봐.'라는 뜻으로 Go for it., Give it a try. 라고 말해도 됩니다. '해 봐서 손해 볼 건 없어.'는 It doesn't hurt to try.라고 합니다.

강의를 들어보세요

MP3 048-1

- leave A for B B 때문에 A를 떠나다
- go get (사람) 가서 ~를 데려오다

122

I'll go change my clothes.

옷 갈아입고 올게.

📢 강세를 받는 change와 clothes를 중심으로 단어를 연결하여 '알**고**우**체인**지마이**클로즈**'의 리듬으로 발음합니다.

👓 **It's time to get wasted. Let's go out.**

술 마실 시간이야. 나가자.

👩 **Okay. I'll go change my clothes.**

좋아. 옷 갈아입고 올게.

📑 외출하기 전이나 옷가게에서 옷을 갈아입겠다고 말할 때 사용하는 표현입니다. I'll change., I'll go and change., I need to change.와 같이 표현할 수도 있습니다. '반바지로 갈아입어야겠다.'는 I should change into shorts.라고 하면 됩니다.

🎯
• get wasted 술에 취하다
• change one's clothes 옷을 갈아입다

MP3 048-2

Will you just drop it?

그만 좀 할래?

📢 강세를 받는 drop을 중심으로 단어를 연결하여 '윌유저스**쥬라**삣'의 리듬으로 발음합니다.

👓 **Are you sure you're going on a diet?**

너 다이어트 하는 거 맞아?

🙂 **There you go again.**

Will you just drop it?

또 시작이군. 그만 좀 할래?

📑 그만 좀 하라고 짜증낼 때 사용하는 표현입니다. '내려놓다'라는 뜻을 가진 drop이 '그만두다'라는 뜻으로 사용되었습니다. 유사한 의미로 Stop it., Knock it off., Cut it out., That's enough.와 같이 말할 수도 있습니다.

🎯 • go on a diet 다이어트를 하다
• There you go again. 또 시작이군.

강의를
들어보세요

MP3 049-1

How old do you think?

몇 살처럼 보여요?

📢 강세를 받는 How old와 think를 중심으로 단어를 연결하여 '**하우올**두유 **띵**'의 리듬으로 발음합니다.

😎 **You look young for your age.**

나이에 비해 어려 보여요.

🙂 **Thanks. How old did you think I was?**

고마워요. 몇 살이라고 생각하셨어요?

📋 본인의 나이가 얼마나 되어 보이냐고 물어볼 때 사용하는 표현입니다. 원래 표현은 How old do you think I am?이지만 I am을 생략해도 됩니다. Guess how old I am?이라고 해도 같은 뜻입니다. '내 나이 또래 같네요.'는 You're around my age.라고 하면 됩니다.

- **look young** 어려 보이다
- **for one's age** 나이에 비해

We were wasted 24/7.

일주일 내내 마셨어.

강세를 받는 wasted와 24/7을 중심으로 단어를 연결하여 '위워**웨**이스팃**튀**니포**세**븐'과 같은 리듬으로 발음합니다.

What's up? You guys look so tired.

무슨 일이야? 너희들 너무 피곤해 보여.

Can you imagine?

We were wasted 24/7.

상상이 되니? 술을 일주일 내내 마셨어.

일주일 내내 술을 마셨다고 말할 때 사용하는 표현입니다. 술에 취했다는 의미의 표현을 정리해 볼까요? '약간 취했어.'는 I'm a little tipsy., '술기운이 올라와.'는 I'm feeling a little high., '완전 취했어.'는 I got wasted., I got hammered., I got plastered.와 같이 표현할 수 있습니다.

• **look terrible** 안색이 안 좋다
• **24/7(twenty–four seven)** 일주일 내내
(24 hours a day, 7 days a week)

I'm just teasing you.

그냥 장난친 거야.

📢 강세를 받는 teasing을 중심으로 단어를 연결하여 '암저스**티**징유'와 같은 리듬으로 발음합니다.

👓 I'm speechless.
Who do you think I am?

기가 막혀. 날 대체 뭘로 보는 거야?

👩 Don't get upset. I'm just teasing you.

화내지 마. 그냥 장난친 거야.

📋 자신이 한 말에 대해 상대방이 예상 밖의 반응을 보일 때 '그냥 해 본 말이야.', '장난이야.'라고 하면서 어색한 상황을 넘어가려고 할 때 사용하는 표현입니다. 같은 의미로 I'm just joking., I'm just kidding., It was a joke. 등과 같이 표현할 수도 있습니다.

🎯 • speechless (기가 막혀) 말문이 막히다
• tease (사람) ~를 놀리다, ~에게 장난치다

Review Quiz 🎯

01 난 즉석식품에 질렸어.

I'm [____] up with [_____] food.

02 농담이겠지. 너 제정신이야?

You can't be [_____]. Are you out of your [_____]?

03 좋은 분 같네요. 인기 많으시겠어요.

You [_____] very nice. You must be [_____].

04 정말 유감이야. 그녀가 안됐어.

I'm [_____] to hear that. I feel [_____] for her.

05 걱정 마. 시간문제일 뿐이야.

No [_____]. It's just a [_____] of time.

06 오늘 저녁에 뷔페 예약해 놨어.

We [_____] reservations at a buffet tonight.

07 머리가 너무 아파. 해장국 먹으러 가자.

My head is [_____] me. Let's go eat [_____] soup.

08 뭘 기다리는 거야? 가서 붙잡아.

What are you [_____] for? Go [_____] him.

09 또 시작이군. 그만 좀 할래?

[_____] you go again. Will you just [_____] it?

10 상상이 되니? 술을 일주일 내내 마셨어.

Can you [_____]? We were [_____] 24/7.

DAY
051

We're not done here.

얘기 안 끝났어.

🔊 강세를 받는 not과 done, here를 중심으로 단어를 연결하여 '위아낫**던히** 어'의 리듬으로 발음합니다.

👓 **That's it. Let's wrap up the meeting.**
그만 됐어요. 회의를 마무리합시다.

🧑 **I'm sorry, but** we're not done here.
미안하지만, 얘기 아직 안 끝났어요.

🛍 상대방이 대화를 끝내려고 할 때 아직 할 말이 더 남았다고 말하는 표현입니다. 같은 의미로 I'm not done here., I'm not done yet. 등의 표현이 있습니다. 참고로 '본론으로 들어갑시다.'는 Let's get down to the business.라고 합니다.

• wrap up (사물) ~을 마무리하다, 정리하다
• I'm sorry, but (주어) (동사) 미안하지만 ~

I don't have an appetite.

입맛이 없어.

🔊 강세를 받는 appetite를 중심으로 단어를 연결하여 '아돈해버**애퍼타**잇'의 리듬으로 발음합니다.

👓 **My stomach's growling. Let's go eat something.**

배에서 꼬르륵 거려. 뭐 먹으러 가자.

😀 **I don't have an appetite right now.**

지금은 입맛이 없는데.

📋 식전에 간식을 먹어서 식욕이 없거나 입맛이 없다고 할 때 사용하는 표현입니다. I have no appetite., I don't have any appetite., I don't feel like eating.과 같이 말할 수도 있습니다.

🎯 • one's stomach is growling 배에서 꼬르륵 소리가 나다
　• don't have an appetite 입맛이 없다

I did not mean it.

그런 뜻이 아니었어.

📢 강세를 받는 not과 동사 mean을 중심으로 단어를 연결하여 '아이딧**낫미**닛' 의 리듬으로 발음합니다.

👓 **Are you saying that you don't trust me?**
날 못 믿겠다는 말이야?

🙂 **Don't take it personally.**
I didn't mean it that way.
기분 나쁘게 생각하지 마. 그런 뜻이 아니었어.

🛍 자신이 한 말로 인해 본의 아니게 상대방의 기분을 상하게 했을 때 사용하는 표현입니다. I don't mean that., I don't mean like that., That's not what I meant. 등과 같이 말할 수 있습니다.

- Are you saying that (주어) (동사)? ~라고 말하는 거야?
- take (사물) personally 기분 나쁘게 받아들이다

강의를 들어보세요

MP3 052-1

I'm running out of money.

돈이 떨어지고 있어.

강세를 받는 running과 out, money를 중심으로 단어를 연결하여 '암**러**닝**아**우러**머**니'의 리듬으로 발음합니다.

🧑 I'm running out of money.
Can I borrow some?

돈이 떨어져가고 있어. 좀 빌릴 수 있을까?

🧑 Sorry, I can't afford to lend you any money.

미안, 너한테 돈을 빌려줄 여유가 없어.

시간, 돈, 물건 등이 떨어져 가고 있을 때 사용하는 표현입니다. 같은 뜻으로 be out of (사물) 또는 be short of (사물)와 같은 형태도 쓰입니다. 예를 들어 '현금이 떨어졌어.'는 We are out of cash. 또는 We are short of cash.와 같이 말할 수 있습니다.

• run out of (사물) ~이 떨어지다, 없어지다
• borrow 빌리다
• lend 빌려주다

MP3 052-2

133

Just came by to say hello.

인사하려고 들렀어.

강세를 받는 came by와 hello를 중심으로 단어를 연결하여 '저스**케**임**바**이루쎄이**헬**로우'의 리듬으로 발음합니다.

What are you doing here so early?

이렇게 일찍 여긴 어쩐 일이야?

Hey. Just came by to say hello.

안녕. 그냥 인사하려고 들렀어.

근처에 볼일이 있어 왔다가 잠시 들러서 인사하고 가려고 할 때 사용하는 표현입니다. 유사한 의미로 I came by to say hi., I dropped by to say hello., I stopped by on my way. 등과 같이 말할 수 있습니다.

• come by 들르다, 방문하다
• say hello 인사하다

134

I got another call.

다른 전화가 왔어.

강세를 받는 got과 another call을 중심으로 단어를 연결하여 '아이**갓**어너 **더컬**'의 리듬으로 발음합니다.

Hello. Am I calling at a bad time?

여보세요. 내가 바쁠 때 전화한 거야?

I got another call. I'll call you back later.

다른 전화가 왔어. 나중에 다시 전화할게.

통화를 하고 있는데 다른 전화가 걸려 왔을 때 사용하는 표현입니다. 유사한 의미로 I have a call coming in., I have another call coming in., I'm getting another call. 등과 같이 표현할 수 있습니다.

• call at a bad time 바쁠 때 전화하다
• call (사람) back 다시 전화하다

DAY 054

It's none of your business.

네 일이나 신경 써.

📢 강세를 받는 none과 business를 중심으로 단어를 연결하여 '이츠**넌**어뷰 어**비**즈니스'의 리듬으로 발음합니다.

😎 I heard you quit your job. Is that true?

너 직장 그만뒀다며. 사실이야?

🙂 It's none of your business.
Stay out of it.

네 일이나 신경 써. 끼어들지 마.

🏷️ 상대방에게 본인의 일이 아니니 신경 쓰지 말라고 할 때 사용하는 표현입니다. 같은 의미로 Mind your own business., Stay out of my business., This is none of your concern. 등과 같이 말할 수 있습니다.

🎯 • quit one's job 직장을 그만두다
• Stay out of it. 끼어들지 마., 빠져 있어.

136

I know how you feel.

어떤 기분인지 알아.

📢 강세를 받는 know와 how, feel을 중심으로 단어를 연결하여 '아이**노우하**우유**쀠**일'의 리듬으로 발음합니다.

😎 I feel like I was bullied back in high school.

고등학생 때 왕따를 당했던 것 같아.

😀 I know how you feel.
I went through the same thing.

어떤 기분인지 알아. 나도 같은 경험 있거든.

📑 괴로워하거나 힘들어 하고 있는 상대방의 마음을 이해한다고 말할 때 사용하는 표현입니다. 같은 의미로 I know the feeling., I know how you're feeling., I know what it's like. 등과 같이 말할 수 있습니다.

🎯 • be bullied 왕따 당하다, 따돌림 당하다
• go through (사물) ~을 경험하다

I had such a good time.

너무 즐거웠어.

강세를 받는 such와 good time을 중심으로 단어를 연결하여 '아이**햇써**처**그타**임'의 리듬으로 발음합니다.

I had such a good time today.

오늘 너무 즐거운 시간 보냈어.

Likewise. Let's get together sometime.

나도 그래. 조만간 다시 만나자.

누군가와 즐거운 시간을 보냈다고 말할 때 사용하는 표현입니다. 같은 의미로 I had a ball., I had a blast., I had fun today. 등의 표현이 있고, '가족과 오붓한 시간을 보냈다.'는 I had some quality time with my family.라고 합니다.

- Likewise. 동감이야., 나도 그래.
- get together 모이다, 만나다

It was a close call.

큰일 날 뻔했어.

📢 강세를 받는 close와 call을 중심으로 단어를 연결하여 '이워저**클로스컬**'의 리듬으로 발음합니다.

👓 I almost got hit by a car this morning.

오늘 아침에 자동차에 치일 뻔했어.

🧑 Thank God you didn't.

It was a close call.

천만다행이야. 큰일 날 뻔했어.

📋 가까스로 위험이나 위기를 모면하게 되었을 때 사용하는 표현입니다. 같은 의미로 That was a narrow escape., It was a near miss.라고 하고, 스포츠 경기에서 승부가 막상막하였을 때는 That was close.처럼 말합니다.

🎯 • I almost (과거동사) ~할 뻔했디
• get hit by a car 차에 치이다
• close call 구사일생, 위기일발

강의를
들어보세요

MP3 055-2

DAY 056

Where have you been?

어디 있었어?

강세를 받는 Where와 been을 중심으로 단어를 연결하여 '**웨**어해뷰**빈**'의 리듬으로 발음합니다.

Where have you been?

I've been trying to reach you all day.

어디 있었어? 하루 종일 전화했었어.

I'm sorry. I forgot to bring my phone.

미안. 전화기를 깜빡 잊고 안 가져갔어.

찾고 있던 사람이 한동안 눈앞에서 사라졌다가 나타났을 때 사용하는 표현입니다. Where 대신에 How를 사용해서 How have you been?이라고 하면 오랜만에 만난 사람에게 '그동안 어떻게 지냈어?'라고 하며 안부를 묻는 표현이 됩니다.

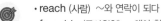

MP3 056-1

- **reach** (사람) ~와 연락이 되다
- **forget to** (동사원형) ~해야 할 것을 잊다

140

Don't be so dramatic.

오버 좀 하지 마.

강세를 받는 Don't와 dramatic을 중심으로 단어를 연결하여 '**도**운비쏘드 러**매**릭'의 리듬으로 발음합니다.

😎 I feel like the world is coming to an end.

세상이 다 끝나 버린 기분이야.

🙂 Don't be so dramatic.
You should stand tall.

오버 좀 하지 마. 자신감을 가져.

과장하거나 호들갑을 떠는 사람에게 오버하지 말라고 할 때 사용하는 표현으로, 직역 하면 '드라마 주인공처럼 과장하지 마.'입니다. 같은 의미로 Don't make a big deal about it., Don't make a big thing out of it., Don't be a drama queen. 등과 같이 말할 수 있습니다.

• the world comes to an end 세상이 끝나다
• stand tall 자신감을 갖다, 당당히 살다

How can you be so sure?

어떻게 그렇게 확신해?

강세를 받는 How와 so, sure을 중심으로 단어를 연결하여 '**하**우캔유비**쏘 슈**어'의 리듬으로 발음합니다.

🤓 **The way I see it, he lied to me.**
내가 보기엔 그가 거짓말한 것 같아.

😎 **That may be right.**
How can you be so sure?
그럴지도 모르지. 어떻게 그렇게 확신해?

어떤 것에 대해 자신 있게 말하는 사람에게 무슨 근거로 확신하는지 물을 때 사용하는 표현입니다. '속단하지 마세요.'라고 할 때는 Don't rush to judgment., Don't jump to conclusions., Don't rush into anything. 등의 표현을 사용합니다.

🎯
• the way I see it   내가 보기에는
• That may be right.   그럴지도 모르지.

I don't know what to say.

무슨 말을 할지 모르겠어.

📢 강세를 받는 know와 what, say를 중심으로 단어를 연결하여 '아**돈노**우 **왓**투**세**이'의 리듬으로 발음합니다.

😎 **You really messed up this time.**

이번에 진짜 네가 다 망쳤어.

🙂 **It's all my fault.**

I don't know what to say.

다 내 잘못이야. 무슨 말을 해야 할지 모르겠어.

📑 상대방에게 잘못을 하고 변명할 여지가 없을 때 사용하는 표현입니다. '입이 열 개라도 할 말이 없다.'와 같은 뜻입니다. 같은 의미로 I have nothing to say., What can I say?, What can I tell you?와 같이 말할 수 있습니다.

🎯 • mess (사물) up ~을 망치다, 엉망으로 만들다
  • It's all my fault. 모두 내 잘못이야.

강의를 들어보세요

MP3 057-2

I didn't want to hurt you.

상처 주려고 한 건 아니야.

📢 강세를 받는 didn't와 hurt를 중심으로 단어를 연결하여 '아**디**른워너**헐유**' 의 리듬으로 발음합니다.

👓 I can't believe my ears. You let me down.

네가 그렇게 말했다니 믿을 수가 없어. 실망했어.

👦 Come on. I didn't want to hurt you.

그러지 마. 상처 주려고 했던 건 아니야.

📋 본의 아니게 자신의 말 때문에 상대방이 상처를 받았을 때 사용하는 표현입니다. I didn't mean to hurt you.라고 말해도 됩니다. '악의는 없지만 ~하다.'는 No offense, but (주어) (동사).와 같이 말합니다. '악의는 없지만 넌 사회성이 부족해.'는 No offense, but you're not a people person.이라고 하면 됩니다.

🎯
• can't believe one's ears 귀를 의심하다, 믿을 수 없다
• let (사람) down ~를 실망시키다

MP3 058-1

강의를 들어보세요

It's now or never.

지금이 절호의 기회야.

📢 강세를 받는 now와 never를 중심으로 단어를 연결하여 '이츠**나우**오**네**버'의 리듬으로 발음합니다.

👓 My new year's resolution is to learn English.

내 새해 결심은 영어를 배우는 거야.

😊 Good thinking. I think it's now or never.

잘 생각했어. 지금이 절호의 기회인 것 같아.

🛍 간절히 원하는 꿈을 위해 잡아야 할 기회가 찾아왔을 때 사용하는 표현으로, 직역하면 '지금이 아니면 안 된다.'입니다. '인생의 한 번뿐인 기회'는 once-in-a-lifetime opportunity라고 합니다.

강의를 들어보세요

MP3 058-2

- new year's resolution 새해 결심
- Good thinking. 잘 생각했어.

What's with the face?

얼굴은 왜 그래?

강세를 받는 What과 face를 중심으로 단어를 연결하여 '**와**쓰윗더**페**이스'의 리듬으로 발음합니다.

What's with the face?
You don't look well.

얼굴이 왜 그래? 안색이 안 좋아 보여.

Is it that obvious?
I'm not feeling myself today.

그렇게 티 나니? 오늘 컨디션이 안 좋아.

상대방의 안색이 평상시와 달리 좋지 않아 보일 때 사용하는 표현입니다. '~는 대체 왜 그래?'는 What's with (사람/사물)?와 같이 표현합니다. '사장님 대체 왜 저래?'는 What's with the boss?, '웬 정장이야?'는 What's with the suit?와 같이 말할 수 있습니다.

강의를 들어보세요

MP3 059-1

• Is it that obvious? 그렇게 티 나니?
• be not feeling oneself 몸이 좋지 않다

146

Somebody broke in.

도둑이 들었어.

📢 강세를 받는 세 단어를 연결하여 **'썸바리브로낀'**의 리듬으로 발음합니다.

👓 Somebody broke in, but nothing was taken.

도둑이 들었는데, 훔쳐간 건 없어.

🧑 The room is all messy.
I'll report to the police.

방이 엉망진창이야. 경찰에 신고할 거야.

📎 누군가가 남의 소유지에 무단으로 침입했을 때 사용하는 표현입니다. break in 을 직역하면 '깨부수고 들어가다'인데, 즉 '도둑이 들었다'라는 뜻입니다. '복면강도가 쳐들어왔어.'는 Masked robbers broke in.과 같이 말할 수 있습니다.

🎯
• break in 침입하다, 길들이다
• messy 지저분한, 엉망진창인
• report to the police 경찰에 신고하다

강의를 들어보세요

MP3 059-2

DAY 060

So, where were we?

우리 어디까지 얘기했지?

강세를 받는 where와 were를 중심으로 단어를 연결하여 '쏘우**웨**어**워**위'의 리듬으로 발음합니다.

Let's see. So, where were we?

가만있자. 우리 어디까지 얘기했지?

You were saying that you were late for work.

네가 회사에 지각했다는 얘기하고 있었어.

잠시 자리를 비운 뒤 돌아와서 대화를 계속 이어갈 때 사용하는 표현입니다. 직역하면 '우리 어디에 있었지?'입니다. '내가 어디까지 얘기했지?'는 Where was I?라고 하고 '나 없을 때 무슨 얘기했어?'는 What did I miss?라고 합니다.

- Let's see. 어디 보자., 가만있자.
- be late for work 회사에 늦다, 지각하다

강의를 들어보세요

MP3 060-1

148

Keep your voice down.

목소리 좀 낮춰.

강세를 받는 Keep과 voice, down을 중심으로 단어를 연결하여 '**킵**유어 **보**이스**다**운'의 리듬으로 발음합니다.

I can't work like this.
I swallowed my pride.

이런 식으로는 일 못해. 자존심도 버렸어.

Keep your voice down. Shame on you!

목소리 좀 낮춰. 창피한 줄 알아!

상대방의 목소리가 너무 커서 목소리를 낮추라고 할 때 사용하는 표현입니다. 같은 의미로 Please be quiet., Keep it down., Keep quiet. 등과 같이 말할 수 있습니다.

• swallow one's pride 자존심을 버리다
• Shame on you! 창피한 줄 알아!

Review Quiz 🎯

01 지금은 입맛이 없는데.

I don't have an _____ right now.

02 미안해. 너한테 돈을 빌려줄 여유가 없어.

Sorry, I can't _____ to lend you any money.

03 다른 전화가 왔어. 나중에 다시 전화할게.

I got _____ call. I'll call you _____ later.

04 네 일이나 신경 써. 끼어들지 마.

It's _____ of your business. _____ out of it.

05 어떤 기분인지 알아. 나도 같은 경험 있거든.

I know _____ you feel. I went _____ the same thing.

06 미안. 전화기를 깜빡 잊고 안 가져갔어.

I'm sorry. I forgot to _____ my phone.

07 그럴지도 모르지. 어떻게 그렇게 확신해?

That _____ be right. How can you be so _____?

08 다 내 잘못이야. 무슨 말을 해야 할지 모르겠어.

It's all my _____. I don't know _____ to say.

09 그렇게 티 나니? 오늘 컨디션이 안 좋아.

Is it that _____? I'm not feeling _____ today.

10 도둑이 들었는데, 훔쳐간 건 없어.

Somebody _____ in, but nothing was _____.

DAY
061~070

I'll do my best.

최선을 다할게.

📢 강세를 받는 do와 best를 중심으로 단어를 연결하여 '알**두**마이**베**슷'의 리듬으로 발음합니다.

😎 **Can you meet the deadline this time?**

이번에는 마감일을 지킬 수 있겠어?

😀 **I can't promise, but I'll do my best.**

약속은 할 수 없지만, 최선을 다할게.

📑 어떤 목적을 위해 할 수 있는 모든 일을 하겠다고 말할 때 사용하는 표현입니다. 유사한 표현으로 I'll do everything., I'll try everything., I'll give it my best shot. 등이 있습니다. 참고로 '상황에 따라 즉흥적으로 할 거야.'는 I'll play it by ear.라고 합니다.

• meet the deadline 마감일을 지키다
• do one's best 최선을 다하다

MP3 061-1

I got a question for you.

물어볼 게 있어.

📢 강세를 받는 question을 중심으로 단어를 연결하여 '아가러**퀘**스쳔포유'의 리듬으로 발음합니다.

👤 **Listen**, I got a question for you.
있잖아, 너한테 물어볼 게 있어.

👤 **Sure, I'd be happy to answer it.**
물어봐. 기꺼이 대답해 줄게.

📋 상대방에게 궁금한 내용이 있어 질문을 할 때 사용하는 표현입니다. 같은 의미로 I have a question., Let me ask you a question., Here's a question. 등과 같이 말할 수 있습니다.

- got a question for (사람) ~에게 물어볼 게 있다
- I'd be happy to (동사원형) 기꺼이 ~하다

MP3 061-2

153

I'm crazy about you.

당신한테 빠졌어요.

📢 강세를 받는 crazy와 about을 중심으로 단어를 연결하여 '암**크레**이지어**바웃**유'의 리듬으로 발음합니다.

😎 **I think** I'm crazy about you.

내가 당신한테 빠진 것 같아요.

🧑 **I think we should keep it casual.**

저는 편한 사이로 지내면 좋겠어요.

🛍️ 어떤 대상에 대해 보통 이상으로 좋아한다고 말을 할 때 사용하는 표현입니다. '난 여행을 너무 좋아해.'는 I'm crazy about traveling., '난 쇼핑에 빠졌어.'는 I'm crazy about shopping., '난 영어를 엄청 좋아해.'는 I'm crazy about English.와 같이 말할 수 있습니다.

🎯 • be crazy about (사람/사물) ~에 푹 빠지다
• keep it casual 편한 사이로 지내다

What can I do for you?

뭘 도와드릴까요?

📢 강세를 받는 What과 do를 중심으로 단어를 연결하여 '**왓**컨아이**두**포유'의 리듬으로 발음합니다.

👓 **Hello. What can I do for you?**
안녕하세요. 뭘 도와드릴까요?

🙍 **I'm looking for a blouse.**
Can I try this on?
블라우스를 찾고 있어요. 이거 입어 봐도 돼요?

📋 상점이나 가게 등에서 점원이 고객을 맞이할 때 사용하는 표현입니다. 같은 의미의 문장으로 May I help you?, What are you looking for?, Are you being helped?, Can I help you find something? 등이 있습니다.

MP3 062-2

• look for (사람/사물) ~을 찾다
• try (사물) on ~을 입어 보다

DAY 063

I'll see what I can do.

내가 좀 알아볼게.

강세를 받는 see와 do를 중심으로 단어를 연결하여 '알**씨**왓아캔**두**'의 리듬으로 발음합니다.

Can you pull some strings for me?

날 위해 힘 좀 써 줄 수 있어?

Well, I'll see what I can do.

글쎄, 내가 좀 알아볼게.

누구에게 어떤 부탁을 받았을 때 가능한지 알아보겠다고 말할 때 사용하는 표현으로, 직역하면 '내가 할 수 있는지 알아볼게.'입니다. 같은 의미로 I'll see if I can., Let me see if I can do., I'll see about that.과 같이 말해도 됩니다.

• pull strings for (사람) ~을 위해 빽을 쓰다, 연줄을 이용하다
• see 알아보다

I asked for extra spicy.

가장 매운 걸로 주문했어.

🔊 강세를 받는 asked와 extra, spicy를 중심으로 단어를 연결하여 '아이**애**스포**엑**스트러스**파**이시'의 리듬으로 발음합니다.

🧑 I asked for extra spicy.
Please take this back.

가장 매운 맛으로 주문했는데요. 다시 가져가세요.

🧑 I'm terribly sorry.
I thought you ordered medium.

정말 죄송합니다. 중간 맛으로 시키신 줄 알았어요.

📋 식당에서 점원에게 주문한 음식 맛이 다르다고 말할 때 사용하는 표현입니다. '제가 주문한 게 아닌데요.'라는 표현은 I didn't order this., This isn't my order., This is not what I ordered. 등이 있습니다.

🎯 • take (사물) back 다시 가져가다
• I'm terribly sorry. 정말 죄송합니다.

MP3 063-2

This is no joke.

장난이 아니야.

🔊 강세를 받는 This와 no, joke를 중심으로 단어를 연결하여 '**디**시즈**노우조
우크**'의 리듬으로 발음합니다.

😎 The price of soju is ridiculous these
days.

요즘 소주 가격이 터무니없어.

🙂 You can say that again. This is no joke.

정말 그래. 정말 장난이 아니야.

📋 어떤 사실이 너무 놀랍거나 어떤 일이 쉽지 않다고 말할 때 사용하는 표현으로, 직
역하면 '이거 농담이 아니야.'입니다. 같은 의미로 This is not a game., This
ain't no game., It's no picnic. 등의 표현이 있습니다.

강의를
들어보세요

MP3 064-1

• ridiculous 말이 안 되는, 터무니없이 비싼
• You can say that again. 동감이야., 맞는 말이야.

I'm from a small town.

난 시골 출신이야.

📢 강세를 받는 small과 town을 중심으로 단어를 연결하여 '암프러머**스몰타운**'의 리듬으로 발음합니다.

😎 **Did you grow up in a big city?**

너 대도시에서 자랐니?

🧑 **No. Actually,** I'm from a small town.

아니. 사실 난 시골 출신이야.

📋 어떤 사람의 태생이 시골이라고 말할 때 사용하는 표현입니다. 같은 의미로 I was born in the country., I'm from the countryside.라고 하기도 합니다. 참고로 '서울 토박이에요.'는 I was born and raised in Seoul., I'm a native of Seoul.이라고 말할 수 있습니다.

🎯 • grow up 자라다, 성장하다
• be from (장소/나라명) ~ 출신이다

MP3 064-2

What do you mean?

무슨 뜻이야?

📢 강세를 받는 What과 mean을 중심으로 단어를 연결하여 '**와**루유**미**인'의 리듬으로 발음합니다.

👨 **Top secret? What do you mean?**

일급비밀이라고? 그건 무슨 뜻이야?

👩 **You didn't hear it. It's confidential.**

못 들은 걸로 해 줘. 기밀사항이야.

🗂 상대방의 말을 잘 이해하지 못하고 다시 설명해 달라고 요청할 때 사용하는 표현으로, 직역하면 '무슨 의미인가요?'입니다. 같은 의미로 What does that mean?, What are you getting at?, I don't get it. 등의 표현이 있습니다.

 • You didn't hear it. 못 들은 걸로 해 줘.
• confidential 기밀의, 은밀한

160

Beer is on the house.

맥주는 서비스야.

강세를 받는 Beer와 on, house를 중심으로 단어를 연결하여 '**비**어이즈**언** 더**하**우스'의 리듬으로 발음합니다.

We opened our restaurant today.
Beer is on the house.

오늘 저희 가게 개업했어요. 맥주는 서비스입니다.

This beer hits the spot.
Let's drink till we drop.

맥주 맛이 끝내준다. 쓰러질 때까지 마시자.

음식점 등에서 고객에게 무료로 제공해 주는 서비스라고 말할 때 사용하는 표현입니다. 전치사 on 뒤에는 돈을 내는 주체가 옵니다. This one is on me.라고 하면 '이건 내가 낼게.'라는 뜻이 됩니다.

강의를 들어보세요

MP3 065-2

- (사물) is on the house. ~는 서비스이다.
- hit the spot 맛이 좋다, 끝내주다
- (동사) till (사람) drop ~을 실컷 하다

You got some nerve.

뻔뻔하군요.

강세를 받는 nerve를 중심으로 단어를 연결하여 '유갓**썸너**어브'의 리듬으로 발음합니다.

👓 **You got some nerve.**

How can you show up here?

정말 뻔뻔하네. 어떻게 여기 나타날 수 있어?

🙂 **Look who's talking! Just let it go.**

사돈 남 말 하네. 신경 꺼.

남의 눈을 의식하지 않고 대담하게 행동하는 사람에게 사용하는 표현입니다. nerve 는 '신경, 용기, 뻔뻔함'이라는 뜻을 갖고 있습니다. 같은 뜻으로 You have a lot of nerve., What a nerve!, You're so brazen.과 같이 말할 수 있습니다.

- show up 나타나다, ~에 참석하다
- Look who's talking. 사돈 남 말 하네.
- Let it go. 신경 꺼., 잊어버려.

Back up a little more.

뒤로 좀 더 빼 주세요.

🔊 강세를 받는 Back과 up, more를 중심으로 단어를 연결하여 '**배**꺼퍼리를 **모**어'의 리듬으로 발음합니다.

😎 **I can't get out. Back up a little more.**

　　나갈 수가 없어요. 뒤로 좀 더 빼 주세요.

🙂 **I can't. There is no space anymore.**

　　안 돼요. 더 이상 공간이 없어요.

📋 주차를 하고 있는 사람에게 후진하라고 말할 때 사용하는 표현으로 Would you mind backing up a little?이라고 해도 됩니다. 반대로 '앞으로 이동해 주실래요?'는 Would you mind moving up a little?과 같이 말할 수 있습니다.

🎯 • get out 나가다
　　• back up (자동차를) 후진하다

Guess what I got?

뭔지 맞혀 봐.

📢 강세를 받는 Guess와 got을 중심으로 단어를 연결하여 **'게**스와라이**갓'**의 리듬으로 발음합니다.

👓 **Hey, guys! Guess what I got?**

얘들아! 뭐 사 왔는지 맞혀 봐.

🙂 **Stop making fun of us.**
Please talk turkey.

그만 놀리고 솔직하게 말해 줘요.

🛍️ 어떤 물건을 보여주기 전에 상대방에게 맞혀 보라고 말할 때 사용하는 표현입니다. 꼭 맞혀 보라는 의미보다는 '뭐 가져왔는지 볼래?'라는 뜻에 가깝습니다. '내가 뭘 봤는지 아니?'는 Guess what I saw?, '내가 뭘 발견한 줄 알아?'는 Guess what I found?와 같이 말할 수 있습니다.

🎯 • make fun of (사람) ～를 놀리다
• talk turkey 솔직하게 말하다

I'm so glad you made it.

와 줘서 너무 기뻐요.

📢 강세를 받는 so와 glad, made를 중심으로 단어를 연결하여 '암**쏘글**래쥬 **메**이릿'의 리듬으로 발음합니다.

👓 **What a surprise!**
I'm so glad you made it.

이게 웬일이야! 와 줘서 너무 기뻐요.

👩 **I really appreciate your invitation.**

초대해 줘서 정말 감사해요.

📑 초대한 사람이 자리에 참석해 줘서 반가움을 나타낼 때 사용하는 표현입니다. 여기서 make it은 '~에 도착하다'라는 뜻입니다. 같은 의미로 I'm so glad you came over., I'm so glad you could come. 등과 같이 말할 수 있습니다.

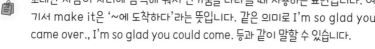

🎯 • **make it** (약속 장소에) 도착하다, 성공하다
• **appreciate** (사물) ~에 감사하다

I'm seeing somebody.

사귀는 사람 있어요.

📢 강세를 받는 seeing과 somebody를 중심으로 단어를 연결하여 '암**씨**잉 **썸바**리'의 리듬으로 발음합니다.

👓 I think it's time for you to settle down.

너 결혼할 때가 된 것 같아.

🧑 Actually, I'm seeing somebody.

사실은 만나는 사람이 있어요.

🏷 상대방에게 현재 사귀고 있는 이성이 있다고 말할 때 사용하는 표현입니다. 여기서 동사 see는 '~와 사귀다'라는 뜻으로 쓰였습니다. 같은 의미로 I'm going out with someone., I'm going steady with someone., I'm dating someone. 등과 같이 표현할 수 있습니다.

🎯 • settle down 정착하다, 결혼하다
• see (사람) ~를 만나다, 교제하다

I know the best juice place.

주스 잘하는 데 알아요.

 강세를 받는 know와 best, juice, place를 중심으로 단어를 연결하여 '아
노우더**베**스**쥬**스**플레**이스'의 리듬으로 발음합니다.

🤓 Do you have a particular place in mind?

마음에 둔 곳이라도 있어요?

🧑 I know the best juice place. Let's go.

제가 주스 잘하는 데 알아요. 가시죠.

📋 상대방에게 어떤 음식을 잘하는 집을 알고 있다고 말할 때 사용하는 표현입니다. '해
물요리 잘하는 데 알아요.'는 I know the best seafood place., '커피 잘하는 집
알아요.'는 I know the best coffee place.와 같이 말할 수 있습니다.

🎯 • have (사물) in mind 마음에 두다, 염두에 두다
• the best ~ place ~ 잘하는 집

강의를
들어보세요

MP3 068-2

DAY 069

What's the big deal?

그게 뭐 대수야?

🔊 강세를 받는 What과 big, deal을 중심으로 단어를 연결하여 '**와츠더빅디얼**'의 리듬으로 발음합니다.

👓 **You know what?**
Taxes are going up again.
그거 알아? 세금이 또 오를 거라는데.

👩 **So what? What's the big deal?**
그래서 뭐? 그게 뭐 대단한 일이야?

📋 어떤 소식을 들었을 때 그 내용이 대수롭지 않다고 하는 표현입니다. 같은 의미로 'It's no big deal., It doesn't matter., I don't care. 등과 같이 말할 수 있고, 반대로 '그거 큰일인데.'라는 말은 That's a big problem.이라고 하면 됩니다.

🎯
• So what? 그게 뭐 어쨌다고?
• the big deal 대단한 일

MP3 069-1

강의를 들어보세요

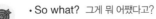

168

I have feelings for her.

그녀에게 마음이 있어.

📢 강세를 받는 feelings를 중심으로 단어를 연결하여 '아햅**삘**링즈포허'의 리듬으로 발음합니다.

😎 **To be honest, I have feelings for her.**
솔직히, 나 그녀에게 마음이 있어.

👩 **I'm sorry to hear that because she's already taken.**
안타깝지만 그녀는 이미 임자가 있어.

📋 누구에게 관심이 있거나 좋아하는 마음이 있다고 말할 때 사용하는 표현입니다. '그녀와 사랑에 빠졌어.'는 I'm in love with her., She took my breath away., I had a crush on her.와 같이 말할 수 있습니다.

🎯 • I'm sorry to hear that. 안타깝다.. 유감이다.
   • (사람/사물) is already taken ~은 임자가 있다

I'm not getting involved.

끼어들지 않을 거야.

강세를 받는 not과 involved를 중심으로 단어를 연결하여 '**아임낫**게링인 **발**드'의 리듬으로 발음합니다.

What do you think about joining us?

우리와 함께 하는 건 어떻게 생각해요?

Thanks, but I'm not getting involved.

고맙지만, 난 끼어들지 않을래요.

어떤 일이나 활동에 관여하고 싶지 않다고 말할 때 사용하는 표현입니다. 같은 의미로 I'll stay out of it., I don't want to butt in.과 같은 표현이 있습니다. '그 일에 얽히고 싶지 않아.'는 I don't want to get involved in that.이라고 하면 됩니다.

- What do you think about (동사/동명사)?
  ~는 어떻게 생각해요?
- get involved in (사물) ~에 관여하다, 얽히다

170

Don't be so sensitive.

너무 예민하게 굴지 마.

강세를 받는 Don't와 so sensitive를 중심으로 단어를 연결하여 '**돈**비**쏘** **센**시립'의 리듬으로 발음합니다.

Some people say my son is a troublemaker.

몇몇 사람들이 우리 아들이 말썽쟁이래.

Don't be so sensitive.
It's gonna be OK.

너무 예민할 필요 없어. 괜찮을 거야.

어떤 말이나 행동에 대해 상대방이 과민반응을 보일 때 사용하는 표현입니다. 같은 의미로 Stop overreacting., Don't be such a worrywart., You worry too much.와 같이 말할 수 있습니다.

MP3 070-2

- troublemaker 말썽꾸러기
- sensitive 예민한, 민감한

Review Quiz ◎

01 약속은 할 수 없지만, 최선을 다할게.
I can't _____, but I'll do my _____.

02 저는 편한 사이로 지내면 좋겠어요.
I think we should keep it _____.

03 블라우스를 찾고 있어요. 이거 입어 봐도 돼요?
I'm _____ for a blouse. Can I _____ this on?

04 가장 매운 맛으로 주문했는데요. 다시 가져가세요.
I _____ for extra spicy. Please take this _____.

05 맥주 맛이 끝내준다. 쓰러질 때까지 마시자.
This beer hits the _____. Let's drink till we _____.

06 사돈 남 말 하시네. 신경 꺼.
_____ who's talking. Just _____ it go.

07 너 결혼할 때가 된 것 같아.
I think it's time for you to _____ down.

08 제가 주스 잘하는 데 알아요. 가시죠.
I know the _____ juice place. Let's go.

09 솔직히, 나 그녀에게 마음이 있어.
To be honest, I have _____ for her.

10 너무 예민할 필요 없어. 괜찮을 거야.
Don't be so _____. It's gonna be OK.

Don't tell me what to do.

이래라저래라 하지 마.

📢 강세를 받는 Don't와 tell, what, do를 중심으로 단어를 연결하여 '**도**운텔 미**왓**투**두**'의 리듬으로 발음합니다.

🧑 **Stop complaining. You're going too far.**

불평 좀 그만해. 넌 너무 도가 지나쳐.

👧 **What do you know?**

Don't tell me what to do.

네가 뭘 알아? 이래라저래라 하지 마.

📖 잔소리를 하는 사람에게 간섭하지 말라고 짜증낼 때 사용하는 표현으로, 직역하면 '뭘 해야 할지 말하지 마.'라는 뜻입니다. 유사한 의미로 Stop nagging me., Stop bossing around., Stop giving me lectures.와 같이 말할 수 있습니다.

🎯 • **go too far** 너무 심하다, 도를 넘다
• **tell (사람) what to do**
～에게 잔소리하다, 이래라저래라 하다

MP3 071-1

강의를
들어보세요

Sorry, I brought it up.

미안, 괜한 얘길 꺼냈어.

📢 강세를 받는 Sorry와 brought, up을 중심으로 단어를 연결하여 **쏘**리아**브러**리**럽**'의 리듬으로 발음합니다.

👓 It was so embarrassing!
You made me lose face.

너무 창피했어! 너 때문에 체면 구겼잖아.

👩 Sorry, I brought it up.
It won't happen again.

미안해. 괜한 얘길 꺼냈네. 다신 그런 일 없을 거야.

🛍️ 상대방과 대화 중에 상황에 맞지 않은 주제를 꺼내서 분위기가 어색해졌을 때 사용하는 표현입니다. 같은 의미로 I shouldn't have said anything., I should have kept quiet., Sorry, I mentioned it.과 같이 말할 수 있습니다.

🎯 • lose face 창피를 당하다, 체면이 깎이다
• bring it up 말을 꺼내다, 언급하다

175

Don't even think about it.

꿈도 꾸지 마.

강세를 받는 음절을 중심으로 단어를 연결하여 '**도운이**븐**띤**꺼**바**우릿'의 리듬으로 발음합니다.

Give me a chance.
Please let it slide this time.

한 번만 봐줘. 이번만 넘어가 주라.

Have you lost your mind?
Don't even think about it.

정신 나갔어? 꿈도 꾸지 마.

상대의 부탁이나 제안에 대해 매우 강하게 거절하는 표현으로, 직역하면 '생각조차 하지 마.'입니다. '절대로 안 돼.'라는 뜻이죠. Not on your life., Dream on., In your dream., Over my dead body. 등과 같이 표현할 수 있습니다.

- give (사람) a chance 봐주다, 기회를 주다
- let (사물) slide 넘어가다, 눈감아 주다
- lose one's mind 미치다, 정신이 나가다

MP3 072-1

I already have plans.

선약이 있어.

🔊 강세를 받는 already와 plans를 중심으로 단어를 연결하여 '아올**뤠**리햅플
랜즈'의 리듬으로 발음합니다.

😎 **How about having lunch together today?**

오늘 점심식사 같이 하는 게 어때?

🙂 **Thank you, but I already have plans.**

고맙지만 선약이 있어.

📑 상대방이 식사나 술자리 등을 함께하자고 할 때 선약이 있어 곤란하다고 말하는 표
현입니다. 같은 의미로 I have other plans., I have another appointment.,
I have a previous engagement.와 같은 표현이 있습니다.

🎯 • How about (명사/동명사)? ~하는 건 어때?
• already have plans 선약이 있다

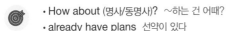

MP3 072-2

강의를 들어보세요

Will you excuse us, please?

자리 좀 비켜 줄래?

강세를 받는 you와 excuse, please를 중심으로 단어를 연결하여 '위**유**익 스**큐**저스**플리**즈'의 리듬으로 발음합니다.

Will you excuse us, please?

I need to talk to her.

자리 좀 비켜 줄래? 그녀와 얘기할 게 있어.

Don't worry. My lips are sealed.

걱정 마. 아무한테도 얘기 안 할게.

둘이서 사적인 대화를 하고 싶을 때 옆 사람에게 자리를 비켜 달라고 말하는 표현입니다. Could you excuse us for a second?라고 해도 됩니다. 참고로 자리에서 먼저 일어서도 되냐고 할 때는 Could I be excused?, May I be excused?와 같이 말할 수 있습니다.

강의를 들어보세요

MP3 073-1

• Don't worry. 걱정하지 마.
• My lips are sealed. 입 다물게., 비밀 지킬게.

178

She cheated on me.

그녀가 바람피웠어.

강세를 받는 동사 cheated를 중심으로 단어를 연결하여 '쉬**취**리런미'의 리
듬으로 발음합니다.

Why didn't you propose to her?
왜 그녀에게 프러포즈 안 했어?

We're history. She cheated on me.
우린 끝난 사이야. 걔가 바람을 피웠어.

배우자나 애인 몰래 바람을 피웠다고 말할 때 사용하는 표현입니다. cheat은 '~
를 속이다', '부정행위를 하다'라는 뜻입니다. 같은 의미로 She was two-timing
me., She had an affair with someone.과 같이 말할 수 있습니다.

• We're history. 우리 사이는 끝났다.
• cheat on (사람) ~를 속이다, 바람을 피우다

179

Is this seat taken?

이 자리 주인 있나요?

강세를 받는 seat와 taken을 중심으로 단어를 연결하여 '이즈디즈**씻테**이큰'의 리듬으로 발음합니다.

● Excuse me. Is this seat taken?

실례합니다. 이 자리 주인 있나요?

● Yes. My wife went to the restroom.

네. 제 아내가 화장실에 갔어요.

빈자리의 주인이 있는지 물어볼 때 사용하는 표현입니다. 같은 의미로 Is this seat occupied?, Anybody sitting here?, Are you using this seat? 등과 같이 말할 수 있습니다.

- be taken 임자가 있다
- go to the restroom 화장실에 가다

You left me a message.

메시지 남기셨네요.

📢 강세를 받는 left와 message를 중심으로 단어를 연결하여 '유**렙**미어**메**시 쥐'의 리듬으로 발음합니다.

😎 **This is Mr. Brown.**
You left me a message.
전 브라운입니다. 메시지 남기셨네요.

🙂 **It's about our meeting tomorrow.**
내일 회의 때문에 전화드렸어요.

📋 부재 중 메모를 확인하고 전화할 때 사용하는 표현입니다. '문자 보내.'라고 말할 때는 Send me a text message. 또는 Text me.라고 하고, '휴대폰으로 연락 주세요.' 는 Call me on my cell phone.과 같이 말할 수 있습니다.

MP3 074-2

🎯 • leave (사람) a message ~에게 메시지를 남기다
 • It's about (내용) ~ 때문에 전화드렸어요

I don't blame you.

그럴 만도 해.

강세를 받는 blame과 you를 중심으로 단어를 연결하여 '아돈**블레**임**유**'의 리듬으로 발음합니다.

I have to work overtime all this week.

이번 주 내내 야근해야 해.

I don't blame you.
You've been busy lately.

그럴 만도 해. 너 요즘 바빴잖아.

어떤 일의 결과가 좋지 않지만 상대방에게 책임을 묻지 않는다고 말할 때 사용하는 표현으로, 직역하면 '널 비난하지 않아.'입니다. 같은 의미로 I can't blame you for it., It's not your fault.와 같은 표현이 있습니다.

MP3 075-1

• work overtime 야근하다
• all this week 이번 주 내내

182

Can you do me a favor?

부탁 좀 들어줄래?

🔊 강세를 받는 Can과 do, favor를 중심으로 단어를 연결하여 '**캔**유**두**미어**풰**이버'의 리듬으로 발음합니다.

😎 Can you do me a favor?

Can you give me a ride home?

부탁 좀 들어줄래? 집까지 좀 태워 줄 수 있어?

👩 Sure. That's what friends are for.

물론이지. 친구 좋다는 게 그런 거지.

📋 상대방에게 어떤 부탁을 하기 전에 의사를 물어볼 때 사용하는 표현으로, 직역하면 '호의를 베풀어 줄래요?'입니다. 같은 의미로 Can I ask you a favor?, Will you do me a favor? 등과 같이 말할 수 있습니다.

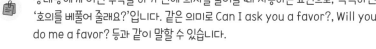

🎯 • give (사람) a ride ～를 태워 주다
• That's what friends are for. 친구 좋다는 게 그런 거지.

I'll take care of it.

내가 알아서 할게.

강세를 받는 take와 care를 중심으로 단어를 연결하여 '알**테**이**케**어빗'의 리듬으로 발음합니다.

What's the matter? I can't get Wi-Fi.

뭐가 문제지? 와이파이에 접속이 안 돼.

Not to worry. I'll take care of it.

걱정 마. 내가 해결할게.

어떤 문제를 스스로 해결하겠다고 말할 때 사용하는 표현입니다. 같은 의미로 I'm handling it., I'll work it out., I can manage it. 등의 표현이 있습니다. '부재 중에 내 일 좀 처리해 줄래?'는 Can you take care of my work while I'm away?라고 말하면 됩니다.

- get Wi-Fi 와이파이에 접속하다
- Not to worry. 걱정 마.
- take care of (사물) ~을 처리하다, 해결하다

MP3 076-1

Did you get some sleep?

눈 좀 붙였어?

강세를 받는 get과 sleep을 중심으로 단어를 연결하여 '디쥬**게**썸**슬**립'의 리듬으로 발음합니다.

Did you get some sleep overnight?

간밤에 눈 좀 붙였니?

I couldn't sleep a wink. I ached all over.

한숨도 못 잤어. 온몸이 쑤시고 아팠어.

간밤에 잠을 좀 잤는지 상대방에게 물어볼 때 사용하는 표현입니다. 회화에서 '바람을 쐬다'는 get some air, '햇볕을 쐬다'는 get some sun과 같이 표현합니다. '낮잠 좀 자야겠어.'는 I need to take a nap.이라고 말하면 됩니다.

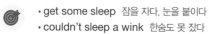

- get some sleep 잠을 자다, 눈을 붙이다
- couldn't sleep a wink 한숨도 못 잤다
- ache all over 몸살이 나다, 온몸이 쑤시다

MP3 076-2

강의를 들어보세요

I'll keep that in mind.

명심할게요.

강세를 받는 keep과 that, mind를 중심으로 단어를 연결하여 '알**킵댓**인 **마**인'의 리듬으로 발음합니다.

Don't speak ill of any of your friends.

친구들에게 안 좋은 말 하면 안 돼.

Of course. I'll keep that in mind.

물론이죠. 명심할게요.

상대방이 당부한 내용을 잊지 않고 꼭 기억하겠다고 말할 때 사용하는 표현입니다. keep that in mind는 직역하면 '마음속에 간직하다'인데요, '꼭 명심해.'는 Bear that in mind., Mark my word., Just remember.와 같이 말할 수 있습니다.

- speak ill of (사람) ~를 욕하다
- keep (사물) in mind ~을 명심하다

강의를 들어보세요

MP3 077-1

Why not just ask him out?

데이트 신청해 봐.

📢 강세를 받는 Why와 not, ask, out을 중심으로 단어를 연결하여 '**와**이**낫** 저스**애**스킴**아**웃'의 리듬으로 발음합니다.

😎 **Don't hesitate.**

Why not just ask him out?

주저하지 마. 그 사람한테 데이트 신청해 봐.

👦 **I can't. He's much younger than me.**

안 돼. 그는 나보다 나이가 한참 어려.

📋 Why don't you (동사원형)?은 '~하는 게 어때?'라는 뜻으로, 권유할 때 사용하는 표현입니다. 회화에서 조동사 do를 생략하고 Why not (동사원형)?의 형태로 자주 쓰입니다. '그녀가 거절했어.'는 She turned me down., She blew me off.와 같이 말할 수 있습니다.

🎯 • hesitate 주저하다, 망설이다
• ask (사람) out ~에게 데이트 신청하다

Don't change the subject.

말 돌리지 마.

강세를 받는 Don't와 change, subject를 중심으로 단어를 연결하여 '**도**운**췌**인지더**써**브젝'의 리듬으로 발음합니다.

By the way, what are you doing tonight?

근데, 오늘 저녁에 뭐 할 거야?

Don't change the subject.
Just spit it out.

말 돌리지 마. 솔직히 털어놔.

대화 도중에 상대방이 화제를 다른 곳으로 돌리려고 할 때 사용하는 표현으로, 직역
하면 '주제 바꾸지 마.'입니다. 유사한 의미로 Don't beat around the bush.,
Stop speaking in circles.와 같이 말할 수 있습니다.

• change the subject 주제를 바꾸다, 말을 돌리다
• spit it out 솔직히 털어놓다

MP3 078-1

How can you say that?

어떻게 그런 말을 해?

🔊 강세를 받는 How와 say, that을 중심으로 단어를 연결하여 '**하우**캔유**세**이**댓**'의 리듬으로 발음합니다.

😎 You're so childish.
Why don't you grow up?
진짜 유치하다. 철 좀 들어라.

😠 That's too much.
How can you say that?
너무해. 어떻게 그런 말을 하니?

📱 상대방으로부터 받아들이기 힘든 내용의 말을 들었을 때 사용하는 표현입니다. 유사한 의미로 How can you say such a thing?, I can't believe what you said., You can't say that to me.와 같이 말할 수 있습니다.

강의를 들어보세요

🎯
- childish 유치한, 어린애 같은
- grow up 철들다, 나잇값을 하다
- That's too much. 너무하다.

MP3 078-2

I have it delivered.

난 배달시켜.

강세를 받는 have와 delivered를 중심으로 단어를 연결하여 '아이**해**빗딜**리**벌'의 리듬으로 발음합니다.

🧑 I've run out of vegetables.
Let's go grocery shopping.

야채가 떨어졌어. 장 보러 가자.

👧 I don't need to. I have it delivered.

난 안 가도 돼. 배달시키거든.

어떤 물건을 직접 사러 가지 않고 배달시킨다고 말할 때 사용하는 표현입니다. 전화를 해서 배달되냐고 물을 때는 Do you have a delivery service?, Can I have it delivered?와 같이 말할 수 있습니다.

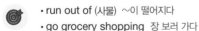

• run out of (사물) ～이 떨어지다
• go grocery shopping 장 보러 가다
• have (사물) delivered ～을 배달시키다

강의를 들어보세요

MP3 079-1

I'm booked solid today.

오늘 스케줄이 꽉 찼어.

📢 강세를 받는 booked와 solid, today를 중심으로 단어를 연결하여 '암**북 쏠**릿투**데**이'의 리듬으로 발음합니다.

😎 **By any chance, are you free tonight?**

혹시 오늘 저녁에 시간 좀 있어?

👩 **I'm sorry. I'm booked solid today.**

미안해. 오늘은 스케줄이 꽉 찼어.

📋 상대방에게 본인의 하루 일정이 꽉 찼다고 말할 때 사용하는 표현입니다. 유사한 의미로 My schedule is so tight., My schedule is full today., I'm all booked up.과 같이 말할 수 있습니다.

🎯 ・by any chance 혹시
・be booked solid 스케줄(예약)이 꽉 차다

Can I take a rain check?

다음에 하면 안 될까?

🔊 강세를 받는 take와 rain check를 중심으로 단어를 연결하여 '캔아이**테**이 꺼**레**인**첵**'의 리듬으로 발음합니다.

😎 **Don't tell me you forgot about our dinner.**

설마 저녁 약속 잊어버리진 않았겠지?

😀 **Can I take a rain check? How about tomorrow?**

다음 기회로 미루면 안 될까? 내일은 어때?

🛍 상대방과 한 약속을 미루고 싶다고 말할 때 사용하는 표현입니다. 비로 취소된 야구 경기를 다음에 관람할 수 있도록 증서(rain check)를 관람객에게 나눠 줬던 것에 서 유래되었습니다. Let's make it some other time., Let's reschedule.과 같이 말해도 됩니다.

강의를 들어보세요

MP3 080-1

🎯 • **Don't tell me** (주어) (동사) 설마 ~한 건 아니겠지?
 • **take a rain check** 다음 기회로 미루다

How are you feeling today?

오늘 기분 어때?

강세를 받는 How와 feeling, today를 중심으로 단어를 연결하여 '**하**우아 유**삘**링두**데**이'의 리듬으로 발음합니다.

Hey, how are you feeling today?
안녕, 오늘 기분이 어때?

Not much. Same old, same old.
별 일 없어. 늘 그렇지 뭐.

상대방에게 컨디션이나 기분 등 안부를 물어볼 때 사용하는 표현입니다. 같은 의미로 How are you?, How are you doing?, How is it going? 등과 같이 말할 수 있습니다. 잘 지낸다고 대답할 때는 I'm doing OK., 평소와 같다고 할 때는 Same as usual.이라고 하면 됩니다.

• Not much. 별일 없어.
• Same old, same old. 늘 똑같아.

Review Quiz ⊙

01 불평 좀 그만해. 넌 너무 도가 지나쳐.

Stop complaining. You're [____] too far.

02 너무 창피했어! 너 때문에 체면 구겼잖아.

It was so [____]! You made me lose [____].

03 한 번만 봐줘. 이번만 넘어가 주라.

Give me a [____]. Please let it [____] this time.

04 고맙지만 선약이 있어.

Thank you, but I already have [____].

05 우린 끝난 사이야. 걔가 바람을 피웠어.

We're [____]. She [____] on me.

06 부탁 좀 들어줄래?

Can you do me a [____]?

07 뭐가 문제지? 와이파이에 접속이 안 돼.

What's the [____]? I can't [____] Wi-Fi.

08 한숨도 못 잤어. 온몸이 쑤시고 아팠어.

I couldn't sleep a [____]. I [____] all over.

09 말 돌리지 마. 솔직히 털어놔.

Don't change the [____]. Just [____] it out.

10 다음 기회로 미루면 안 될까?

Can I take a [____] [____]?

정답 | 01. going 02. embarrassing / face 03. break / slide 04. plans 05. history / cheated 06. favor 07. matter / get 08. wink / ached 09. subject / spit 10. rain / check

194

DAY
081~090

I think it's a great idea.

좋은 생각이야.

📢 강세를 받는 think와 great, idea를 중심으로 단어를 연결하여 '아이**띤**끼쳐 **그레**잇아이**디**어'의 리듬으로 발음합니다.

👓 I need to get some air.
Let's take a walk in the park.

바람 좀 쐬어야겠어. 공원에서 산책 좀 하자.

👩 I think it's a great idea.
I'll change my clothes.

좋은 생각이야. 옷 좀 갈아입을게.

📋 상대방이 어떤 제안을 할 경우 긍정적으로 맞장구를 칠 때 사용하는 표현입니다. 유사한 의미로 That's a good idea., Sounds like a plan., Sounds good. 등과 같이 말할 수 있습니다.

강의를 들어보세요

🎯 • get some air 바람을 쐬다
• take a walk 산책하다
• change one's clothes 옷을 갈아입다

MP3 081-1

Give me a break.

헛소리하지 마.

📢 강세를 받는 Give와 break를 중심으로 단어를 연결하여 '**깁**미어**브레**익'의 리듬으로 발음합니다.

😎 Mom, I've done my homework already.

엄마, 숙제 이미 다 끝냈어요.

👩 Give me a break.

Go and bring it to me.

헛소리하지 마. 가서 가져와.

🏷️ 상대방이 한 말을 믿지 못하겠다고 말하거나 한 번만 봐달라고 부탁할 때 사용하는 표현입니다. 상황에 따라 I don't believe it. 또는 Give me a chance.와 바꾸어 쓸 수 있습니다.

🎯 • Give me a break. 헛소리하지 마., 한 번만 봐줘.
 • go and (동사원형) 가서 ~하다

I'll take my chances.

위험을 감수할 거야.

📢 강세를 받는 take와 chances를 중심으로 단어를 연결하여 '알**테**익마이**췐**시즈'의 리듬으로 발음합니다.

👓 I think the chances are very slim.

내 생각엔 가능성이 매우 희박해.

🧑 Sink or swim, I'll take my chances.

되든 안 되든, 위험을 감수할 거야.

📋 운에 맡기고 모험을 해야 할 경우 위험을 감수하겠다고 말할 때 사용하는 표현으로, 직역하면 '가능성을 선택할 거야.'입니다. 같은 의미로 I'll take a chance., I'll run a risk., I'll risk it.과 같이 말할 수 있습니다.

• chances are slim 가능성이 희박하다
• sink or swim 어떻게든, 죽이 되든 밥이 되든

강의를 들어보세요

MP3 082-1

Your favorite soap is on.

네가 좋아하는 드라마 나온다.

📢 강세를 받는 favorite과 soap, on을 중심으로 단어를 연결하여 '유어**패**이 버릿**쏘**우피즈**온**'의 리듬으로 발음합니다.

😎 **Look**, your favorite soap is on.

야, 네가 좋아하는 드라마 나온다.

🧑 **Where's the remote?**
Turn up the volume.

리모컨 어디 있어? 볼륨 좀 키워 봐.

📑 영화나 연극, 드라마 등이 진행되고 있거나 상영 중일 때 사용하는 표현입니다. on은 '계속'의 의미가 있고, on and on은 '계속해서'라는 뜻입니다. '상영 중'이라는 말은 It's playing., It's showing now., The show is on air.와 같이 표현할 수 있습니다.

🎯 • soap (opera) 드라마, 연속극
• remote (control) 리모컨
• turn up the volume 볼륨을 키우다

She's obsessed with me.

그녀는 나한테 집착해.

📢 2음절에 강세를 받는 obsessed를 중심으로 단어를 연결하여 '쉬즈업**쎄**스 윗미'의 리듬으로 발음합니다.

👩 **Why does she care about you so much?**

왜 그녀가 그렇게 너한테 신경을 쓰는 거야?

👨 **I think** she's obsessed with me.

걔는 나한테 집착하는 것 같아.

📑 어떤 대상을 너무 좋아해서 특정한 행동을 계속할 때 사용하는 표현입니다. '그는 너무 사소한 일에 집착해.'는 He's so obsessed with detail., '그녀는 몸무게에 너무 집착해.'는 She's obsessed with her weight.와 같이 말할 수 있습니다.

 • care about (사람/사물) ~에 대해 신경 쓰다
• be obsessed with (사람/사물) ~에 집착하다

200

I'll make this up to you.

내가 보상해 줄게.

📢 강세를 받는 make와 this, up을 중심으로 단어를 연결하여 '알**메**익**디**스**업** 투유'의 리듬으로 발음합니다.

🤓 **How could you forget our anniversary?**

어떻게 우리 기념일을 잊어버릴 수가 있어?

🧑 **I'm so sorry. I'll make this up to you.**

정말 미안해. 내가 보상해 줄게.

📑 상대방에게 저지른 실수나 잘못을 만회하기 위해 보상해 주겠다고 말할 때 사용하는 표현입니다. 같은 의미로 Is there anything I can do? 또는 How can I make it up to you?와 같이 말할 수 있습니다.

- anniversary 기념일
- make (사물) up to (사람)
  ~에게 보상하다, 실수를 만회하다

MP3 083-2

Time to take your medicine.

약 먹을 시간이야.

강세를 받는 Time과 take, medicine을 중심으로 단어를 연결하여 '**타**임 투**테**이큐어**메**러슨'의 리듬으로 발음합니다.

👓 **I think my cough is getting worse.**

기침이 점점 심해지는 것 같아.

🧑 **Hold on.** Time to take your medicine.

잠깐만. 너 약 먹을 시간이야.

'~할 시간이 되었다'라고 할 때 사용하는 표현입니다. 원래는 It is time to take your medicine.인데 It is는 자주 생략됩니다. '헤어질 시간이야.'는 Time to say good bye., '퇴근할 시간이다.'는 Time to leave the office.와 같이 말할 수 있습니다.

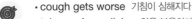

🎯
• cough gets worse 기침이 심해지다
• take one's medicine 약을 복용하다

MP3 084-1

We had to keep it a secret.

비밀로 해야만 했어.

📢 강세를 받는 had와 keep, secret을 중심으로 단어를 연결하여 '위**해**투**키**삐러**씨**크릿'의 리듬으로 발음합니다.

👓 **Why didn't you tell me back then?**
왜 그때 얘기 안 했어?

🧑 **We had to keep it a secret.**
비밀로 해야 했거든.

📋 다른 사람에게 알리면 안 된다고 말할 때 사용하는 표현입니다. keep a secret은 '비밀로 하다'라는 뜻입니다. '비밀 지킬게.'라고 할 때 I won't tell a soul., My lips are sealed., It's just between us.와 같이 말할 수 있습니다.

 • back then 그때, 그 당시에 (=at that time)
• keep (사물) a secret ～을 비밀로 하다

We used to date in college.

대학 다닐 때 사귀었어.

강세를 받는 used와 date, college를 중심으로 단어를 연결하여 '위**유**스 투**데**잇인**칼**리쥐'의 리듬으로 발음합니다.

😎 Just out of curiosity, how do you know him?

궁금해서 그러는데, 그 사람을 어떻게 알아?

😊 We used to date in college. He's my old flame.

대학 때 사귀었어. 옛 애인이야.

과거에 사귀던 사이였다고 말할 때 사용하는 표현입니다. '예전에 사귀었어.'는 We were seeing each other., I went steady with her in college.와 같이 말하고 '지금 만나고 있는 단계야.'는 We're in the dating stage.라고 합니다.

• just out of curiosity 궁금해서 그러는데
• date (사람) ~와 데이트하다
• old flame 옛 애인

MP3 085-1

204

I'm looking forward to it.

기대하고 있을게.

 강세를 받는 looking과 forward를 중심으로 단어를 연결하여 '암**루**킹**포**워투잇'의 리듬으로 발음합니다.

🤓 **Let's travel to Japan on our next vacation.**

다음 휴가 때 일본 여행 가자.

🧑 **Great! I'm looking forward to it.**

좋아! 기대하고 있을게.

📋 앞으로 다가올 일에 대해 큰 기대를 하고 있다고 말할 때 사용하는 표현입니다. 참고로 어떤 조치를 취한 후 결과를 기다리며 '두고 보자.', '지켜보자.'라고 할 때는 Just watch., You'll see., Let's wait and see.와 같이 말할 수 있습니다.

🎯 • **travel to** (장소) ~로 여행을 가다
• **look forward to** (명사/동명사) ~을 고대하다

It's totally out of line.

도가 지나쳤어.

강세를 받는 totally와 out, line을 중심으로 단어를 연결하여 '이츠**토**를리 **아**러**라**인'의 리듬으로 발음합니다.

I can't stand it. It's totally out of line.

참을 수가 없어. 완전 도를 넘었어.

I saw that coming. You asked for it.

그럴 줄 알았어. 네가 자초한 거야.

상대방의 말이나 행동이 정상적인 범위를 넘어섰을 때 사용하는 표현으로, 직역하면 '한계선을 넘다'입니다. 같은 의미로 You crossed the line., You've gone too far., That's too much. 등과 같이 표현할 수 있습니다.

- be out of line 도를 넘다, 지나치다
- I saw that coming. 내가 그럴 줄 알았어.
- You asked for it. 네가 자초한 일이야.

MP3 086-1

It's a good thing he's here.

그가 있어서 다행이야.

강세를 받는 good과 thing, here를 중심으로 단어를 연결하여 '이처**그띵** 히즈**히**어'의 리듬으로 발음합니다.

He took care of all my problems.

그 사람이 내 문제를 다 처리해 줬어.

It's a good thing he's here.

그가 있어서 다행이야.

어떤 선택을 한 후 결과가 기대한 대로 나왔을 때 '~라서 다행이다', '~하길 잘했다'라고 말하는 표현입니다. '당신과 결혼하길 잘했어.'는 It's a good thing I married you.라고 하고, '다행이다.'는 What a relief!, That's a relief!와 같이 말합니다.

• take care of (사람/사물) ~를 돌보다, 처리하다
• It's a good thing (that) (주어) (동사) ~해서 다행이다

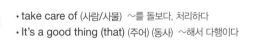

MP3 086-2

My wife is on her way.

제 아내는 오고 있어요.

📢 강세를 받는 wife와 way를 중심으로 단어를 연결하여 '마이**와**이피즈언허 **웨**이'의 리듬으로 발음합니다.

😊 **How many people in your party?**
일행이 몇 분이십니까?

🤓 **Three including me.**
My wife is on her way.
저 포함해서 3명이요. 제 아내는 오는 중이에요.

📝 어떤 목적지를 향해 이동하고 있는 상태를 나타낼 때 사용하는 표현입니다. '지금 갑 니다.'는 I'm on my way., '출근길에 주유소에 들렀다.'는 I stopped by the gas station on my way to work.와 같이 말할 수 있습니다.

강의를
들어보세요

MP3 087-1

🎯
• How many (people) in your party? 일행이 몇 분이세요?
• be on one's way 가는 중이다

Is this a bad time?

얘기하기 곤란해?

🔊 강세를 받는 bad와 time을 중심으로 단어를 연결하여 '이디저**배타**임'의 리듬으로 발음합니다.

😎 Is this a bad time?
I have something to tell you.

내가 바쁜데 온 거야? 얘기할 게 있어.

😀 No problem. Just tell me your point.

괜찮아. 요점만 얘기해.

📑 누구에게 찾아가서 대화를 요청할 때 사용하는 표현으로, 직역하면 '안 좋은 시간대야?'입니다. 시간이 있냐고 물을 때는 Are you available?, Do you have a second?, Can I talk to you for a sec?과 같이 말할 수 있습니다.

🎯 • tell (사람) one's point
    ～에게 요점만 말하다, 본론을 얘기하다

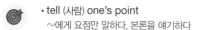

209

I almost forgot about that.

깜빡 잊을 뻔했어.

강세를 받는 almost와 forgot, that을 중심으로 단어를 연결하여 '아올모
스포**갓**어바웃**댓**'의 리듬으로 발음합니다.

Pick up your laundry on your way home.
집에 오는 길에 세탁물 좀 찾아와.

Boy, I almost forgot about that.
아차, 깜빡 잊어먹을 뻔했네.

기억해야 할 내용을 '하마터면 잊어먹을 뻔했다.'고 말할 때 사용하는 표현입니다.
'깜빡 잊어버렸어.'는 It slipped my mind., I totally forgot.과 같이 말하고,
'난 건망증이 심해.'는 I'm so absent-minded.라고 합니다.

• pick up one's laundry 세탁물을 찾다
• on one's way home 집에 오는 길에

MP3 088-1

강의를
들어보세요

Your lunch hour's almost up.

점심시간이 거의 끝났어.

강세를 받는 lunch hour와 almost, up을 중심으로 단어를 연결하여 '유어 **런치아워즈올**머스**텁**'의 리듬으로 발음합니다.

Let's hurry.
Your lunch hour's almost up.

서두르자. 점심시간이 다 끝나가.

Already? I really enjoyed the meal.

벌써? 정말 맛있게 먹었어.

할당된 시간이 거의 끝났다고 말할 때 사용하는 표현입니다. 부사 up은 '완전히', '모조리'라는 뜻이 있습니다. eat up은 '남기지 않고 다 먹다', pay up은 '완불하다'라는 뜻입니다. '시간이 다 됐습니다.'는 Time is up.이라고 말하면 됩니다.

- (시간) is up ~이 끝나다
- enjoy the meal 식사를 맛있게 먹다

211

Easier said than done.

말이야 쉽지.

📢 강세를 받는 Easier와 said, done을 중심으로 단어를 연결하여 '**이**지어**셋** 댄**던**'의 리듬으로 발음합니다.

👓 I'm sure you can get through this hardship.

네가 이 어려움을 이겨낼 거라고 확신해.

😊 I'm gonna give it a try, but it's easier said than done.

한번 해보겠지만 말처럼 쉽진 않을 거야.

📖 행동은 하지 않고 말만 앞서는 사람에게 핀잔을 줄 때 사용하는 표현입니다. 같은 뜻으로 It's easy for you say.라고 말할 수도 있고, '그는 항상 말뿐이야.'는 He's all talk., He's all talk and no action.과 같이 표현할 수 있습니다.

🎯 • get through (사물) ~을 극복하다, 이겨내다
• give it a try 시도하다, 해보다

MP3 089-1

Can I have $40 for lunch?

점심 사먹게 40달러만 주세요.

📢 강세를 받는 Can과 $40, lunch를 중심으로 단어를 연결하여 '**캔**아이햅**포**리**달**러즈포**런**취'의 리듬으로 발음합니다.

🤓 **Mom,** can I have $40 for lunch?

　　엄마, 점심 사먹게 40달러만 주세요.

👩 **No. You won't get an allowance this week.**

　　안 돼. 이번 주에는 용돈 없어.

🛍 Can I have A for B?는 'B 하게 A 주세요.'라고 말할 때 사용하는 표현입니다. '학용품 사게 20달러만 주세요.'는 Can I have $20 for school supplies?, '음료수 사게 돈 좀 주세요.'는 Can I have some money for drinks?와 같이 말하면 됩니다.

🎯 • Can I have A for B?　B 하려는데 A 좀 주실래요?
　　• get an allowance　용돈을 받다

What do you want me to do?

내가 어떻게 해 줄까?

📢 강세를 받는 What과 want, do를 중심으로 단어들을 연결하여 '**왓**두유**원**
미르**두**'의 리듬으로 발음합니다.

🤓 **Need a hand?**

What do you want me to do?

도움이 필요해? 내가 어떻게 해 줄까?

🧑 **Please help me carry this luggage.**

여기 짐 옮기는 것 좀 도와줘.

📋 상대방에게 무엇을 해 주기를 바라는지 물어볼 때 사용하는 표현입니다. 짜증 나는 상
황에서 '그래서 나보고 어쩌라고?'와 같은 뜻으로도 사용됩니다. 유사한 의미로 What
can I do for you?, What shall I do?, How can I help you?와 같이 말할 수
있습니다.

🎯 • need a hand 도움이 필요하다
• help (사람) (동사원형) ~가 …하는 것을 돕다

I'm actually jealous of you.

네가 정말 부러워.

📢 강세를 받는 actually와 jealous를 중심으로 단어를 연결하여 '암**액**츌리**젤**러서뷰'의 리듬으로 발음합니다.

😎 I just managed to pass the exam.

나 턱걸이로 시험에 통과했어.

😀 Congratulations!

I'm actually jealous of you.

축하해! 네가 진짜 부러워.

💬 상대방에게 본인이 갖고 싶은 것이 생겼을 때 부러움을 나타내는 표현입니다. 참고로 envy는 본래 가지고 있던 능력이나 재산 등을 부러워할 때 사용합니다. '너의 재능이 부러워.'는 I envy your talent., '너의 건강이 부러워.'는 I envy your good health.라고 합니다.

🎯 • manage to (동사원형) 간신히 ~를 해내다
• be jealous of (사람) ~를 부러워하다

Review Quiz 🎯

01 바람 좀 쐬어야겠어. 공원에서 산책 좀 하자.

I need to ▢▢▢▢ some air. Let's take a ▢▢▢▢ in the park.

02 되든 안 되든, 위험을 감수할 거야.

Sink or ▢▢▢▢▢▢▢▢, I'll take my ▢▢▢▢▢▢▢▢.

03 리모컨 어디 있어? 볼륨 좀 키워 봐.

Where's the ▢▢▢▢▢▢▢? Turn ▢▢▢ the volume.

04 정말 미안해. 내가 보상해 줄게.

I'm sorry. I'll ▢▢▢▢▢ this up to you.

05 대학 때 사귀었어. 옛 애인이야.

We ▢▢▢▢▢ to date in college. He's my old ▢▢▢▢▢▢▢.

06 그럴 줄 알았어. 네가 자초한 거야.

I saw that ▢▢▢▢▢. You ▢▢▢▢▢ for it.

07 저 포함해서 3명이요. 제 아내는 오는 중이에요.

Three ▢▢▢▢▢ me. My wife is on her ▢▢▢▢▢.

08 서두르자. 점심시간이 다 끝나가.

Let's ▢▢▢▢▢▢. Your lunch hour's almost ▢▢▢.

09 한번 해보겠지만 말처럼 쉽진 않을 거야.

I'm gonna ▢▢▢▢▢ it a try but it's ▢▢▢▢▢▢ said than done.

10 나 턱걸이로 시험에 통과했어.

I just ▢▢▢▢▢▢▢ to pass the exam.

정답 | 01. get / walk 02. swim / chances 03. remote / up 04. make 05. used / flame
06. coming / asked 07. including / way 08. hurry / up 09. give / easier 10. managed

I'm having a friend over today.

친구를 초대할 거야.

강세를 받는 having과 friend, over, today를 중심으로 단어를 연결하여
'암**해**빙어**프렌오**버투**데**이'의 리듬으로 발음합니다.

 Can you join me for dinner tonight?

오늘 저녁식사 같이 할래?

Sorry. I'm having a friend over today.

미안해. 집에 친구를 초대할 거라서.

누군가를 집에 초대할 거라고 말할 때 사용하는 표현입니다. '식사에 초대하고 싶어
요.'는 I'd like to have you over for lunch., May I invite you to dinner?,
I want to invite you over.와 같이 말할 수 있습니다.

• join (사람) for (사물) ~을 위해 동참하다
• have (사람) over ~를 초대하다

MP3 091-1

What happened to your son?

아들한테 무슨 일 있었어?

강세를 받는 What과 happened, son을 중심으로 단어를 연결하여 **'왓해**
픈투여**선**'의 리듬으로 발음합니다.

● What happened to your son?
I haven't seen him around lately.

아들한테 무슨 일 있었어? 요새 얼굴을 못 봤네.

● He has been sick in bed for days.

며칠 동안 아파서 누워 있었어.

어떤 사람이나 대상에게 무슨 일이 있었는지 물어볼 때 사용하는 표현입니다. '머리
는 어떻게 된 거야?'는 What happened to your hair?, '그녀에게 무슨 일이 일
어난 거야?'는 What happened to her?와 같이 말할 수 있습니다.

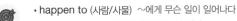

• **happen to** (사람/사물) ~에게 무슨 일이 일어나다
• **be sick in bed** 아파서 침대에 누워 있다

MP3 091-2

I'll pick you up about 7.

7시쯤에 데리러 올게.

📢 강세를 받는 pick과 up, seven을 중심으로 단어를 연결하여 '알**피큐업**어 **바**웃**세**븐'의 리듬으로 발음합니다.

😎 I made a reservation under my name.

내 이름으로 예약을 해 놨어.

😀 OK. I'll pick you up about 7.

알았어. 7시쯤에 데리러 올게.

📋 누군가에게 자동차로 데리러 가겠다고 말할 때 사용하는 표현입니다. '공항에 마중 나갈게.'는 I'll pick you up at the airport., '공항까지 배웅해 줄게.'는 I'll see you off to the airport.와 같이 말할 수 있습니다.

🎯 • make a reservation under (이름) ~ 이름으로 예약하다
• pick (사람) up ~을 데리러 오다(가다)

220

I can be there in 20 minutes.

20분 뒤에 도착해.

 강세를 받는 there와 20 minutes를 중심으로 단어를 연결하여 '아큰비**데** 어인**퉤**니**미**니츠'의 리듬으로 발음합니다.

😎 **I got stuck in traffic. Where are you?**

차가 꽉 막혔어. 너는 어디야?

😊 **I'm filling up my car.**
I can be there in 20 minutes.

주유 중이야. 20분 후에 도착해.

상대방에게 얼마 후에 도착한다고 말을 할 때 사용하는 표현입니다. '~후에'라는 뜻으로 전치사 after가 아닌 in을 사용하는 점을 유의해야 합니다. '금방 갈게.'는 I'll be there soon., I'll be there in a second.와 같이 말할 수 있습니다.

• get stuck in traffic 교통체증에 걸리다
• fill up one's car 자동차에 기름을 넣다

221

Can I talk to you for a second?

잠깐 얘기 좀 할까?

강세를 받는 talk와 second를 중심으로 단어들을 연결하여 '캔아이**톡**투유 포어**쎄컨**'의 리듬으로 발음합니다.

Can I talk to you for a second?

나랑 잠깐 얘기 좀 할 수 있어?

Sorry, I'm in the middle of something now.

미안해, 지금 뭐 좀 하고 있는 중이라서.

상대방에게 찾아가 대화를 하려고 말을 꺼낼 때 사용하는 표현입니다. '시간 있으세요?'라고 물을 때 You got a minute?, Do you have a minute?, You got a sec?과 같이 말할 수 있습니다.

• for a second 잠깐
• be in the middle of (명사/동명사) ~하는 중이다

I've been trying to call you.

계속 전화했었어.

강세를 받는 trying과 call을 중심으로 단어를 연결하여 '아빈**트라**잉투**컬**유'의 리듬으로 발음합니다.

I've been trying to call you.
What's wrong with you?

내가 하루 종일 전화했어. 무슨 일 있어?

My phone battery is dead.
I need to charge it.

휴대폰 배터리가 방전됐어. 충전해야 돼.

계속 전화를 걸었지만 통화를 못하고 나중에 만나서 물어볼 때 사용하는 표현입니다. '전화하려고 했었어.'라고 할 때는 I've been meaning to call you., '너랑 통화하기 정말 힘들다.'는 It's hard to reach you by phone.이라고 합니다.

• The battery is dead. 배터리가 나가다.
• charge (사물) (전자제품 등을) 충전하다

MP3 093-2

Do you have plans for dinner?

저녁에 식사 약속 있어?

📢 강세를 받는 Do와 plans, dinner를 중심으로 단어를 연결하여 **'두유햅플 랜즈포디너'**의 리듬으로 발음합니다.

👓 Do you have plans for dinner today?

오늘 저녁에 식사 약속 있어?

👩 No, nothing special. Why do you ask?

특별한 건 없어. 왜 그러는데?

🛍 상대방에게 저녁식사 약속이 있는지 물어볼 때 사용하는 표현입니다. 저녁에 어떤 계획이나 약속이 있냐고 물을 때 What are you doing tonight?, Do you have time tonight?, Are you free tonight?와 같이 말할 수 있습니다.

강의를 들어보세요

MP3 094-1

• have plans 약속이 있다, 계획이 있다
• Nothing special. 특별한 일은 없다.

What are you smiling about?

뭐가 그렇게 좋아?

강세를 받는 What과 you, smiling, about을 중심으로 단어를 연결하여 '**와**라**유스마**일링어**바**웃'의 리듬으로 발음합니다.

You look happy.
You look happy.
What are you smiling about?

기분 좋아 보인다. 뭐 때문에 웃는 거야?

I got a big bonus from my company.

회사에서 상여금을 많이 받았거든.

상대방의 행동에 대해 이유를 물어볼 때 사용하는 표현입니다. what은 전치사 about의 목적어로 '왜'라고 의역이 됩니다. '왜 웃는 거야?'는 What are you smiling at?, '왜 잠 안 자고 나와 있어?'는 What are you doing out of bed?와 같이 말할 수 있습니다.

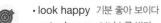

- look happy 기분 좋아 보이다
- get a bonus 보너스를 받다

강의를 들어보세요

MP3 094-2

225

I can't wait to go to grandpa's.

빨리 할아버지 댁에 가고 싶어.

📢 강세를 받는 can't와 wait, go, grandpa's를 중심으로 단어들을 연결하여 '아이**캔웨**이투**고**우루**그랜**파즈'의 리듬으로 발음합니다.

😎 We're having a barbeque during Chuseok holiday.

추석 연휴에 바베큐 파티 할 거야.

🙂 Great! I can't wait to go to grandpa's.

신난다! 빨리 할아버지 댁에 가고 싶어 죽겠어.

📑 무엇을 빨리 하고 싶어서 '견디지 못하겠다'고 말할 때 사용하는 표현으로, 직역하면 '~하는 것을 못 기다리겠다'입니다. '널 보고 싶어 죽겠어.'는 I can't wait to see you., I'm dying to see you.와 같이 말할 수 있습니다.

- have a barbeque 바베큐 파티를 하다
- go to grandpa's 할아버지 댁에 가다

강의를 들어보세요

MP3 095-1

There's nothing to worry about.

걱정할 거 하나도 없어.

📢 강세를 받는 nothing과 worry, about을 중심으로 단어를 연결하여 '더리 즈**나**띵투**워**리어**바**웃'의 리듬으로 발음합니다.

😎 It's unbelievable.
I was surprised at the news.

믿기질 않아. 그 소식을 듣고 놀랐어.

🙂 There's nothing to worry about.

걱정할 거 하나도 없어.

📋 걱정을 하고 있는 사람에게 별일 없을 거라고 위로할 때 사용하는 표현입니다.
There is nothing to (동사원형)은 '~ 할 게 전혀 없다'라는 뜻입니다. '잃을 게 없다.', '밑져야 본전이다.'는 There is nothing to lose.라고 말할 수 있습니다.

🎯
• It's unbelievable. 믿을 수가 없다.
• be surprised at (사물) ~에 놀라다

I'm thinking of ordering a pizza.

피자 주문할까 해.

강세를 받는 thinking과 ordering, pizza를 중심으로 단어를 연결하여 '암 **띵**낑업**오**더링어**피**짜'의 리듬으로 발음합니다.

It's snack time.
I'm thinking of ordering a pizza.
간식 시간이다. 피자를 주문할까 생각 중이야.

I want Canadian bacon, please.
캐나다 베이컨 피자로 시켜 줘.

음식을 배달시키려고 생각한다고 할 때 사용하는 표현입니다. I feel like ordering a pizza.라고 말할 수도 있습니다. '피자 배달시키자.'는 Let's send out for a pizza.와 같이 표현할 수 있습니다.

- snack time 간식 시간
- I want (사물), please. ~로 해 주세요.

Don't be so hard on yourself.

너무 자책하지 마.

📢 강세를 받는 Don't와 hard, yourself를 중심으로 단어를 연결하여 '**돈**비 쏘**할**온유어**쎌**'의 리듬으로 발음합니다.

😎 I think it's all my fault. I feel like crying.

모든 게 내 잘못인 것 같아. 울고 싶다.

🙂 Chin up. Don't be so hard on yourself.

기운 내. 너무 자책하지 마.

🛍 누구에게 함부로 대하는 사람에게 자제하라고 말할 때 사용하는 표현입니다. 같은 의미로 Don't blame yourself., Don't beat yourself up.이라고 말할 수 있고 '부모님께 못되게 굴지 마.'는 Don't be so hard on your parents.라고 하면 됩니다.

🎯 • chin up 힘 내다, 기운 내다
　 • be hard on (사람) ~에게 심하게 하다

DAY 097

Why did you change your mind?

왜 마음이 바뀌었어?

강세를 받는 Why와 change, mind를 중심으로 단어를 연결하여 '**와**이쥬 **췌**인쥬어**마**인'의 리듬으로 발음합니다.

😎 **By the way, why did you change your mind?**

그런데 왜 마음이 바뀌었어?

😊 **On second thought, I realized it was not a good idea.**

다시 생각해 보니 좋은 생각이 아니라는 걸 깨달았어.

이미 내린 결정에 대해 왜 마음이 바뀌었는지 물어볼 때 사용하는 표현입니다. '마음이 바뀐 거야?'라고 물을 때 Have you changed your mind?라고 말할 수 있습니다. 참고로 '변덕스럽다.'는 You're very capricious., You're whimsical.이라고 말합니다.

강의를 들어보세요

MP3 097-1

🎯
- change one's mind 마음이 바뀌다
- on second thought 다시 생각해 보니

230

She's kind of a mess right now.

그녀는 지금 상태가 별로야.

🔊 강세를 받는 kind와 mess, now를 중심으로 단어를 연결하여 '쉬즈**카**인 더버**메**스롸잇**나**우'의 리듬으로 발음합니다.

👓 I hear she had surgery.
Let's stop by the hospital.

그녀가 수술 받았다고 들었어요. 병문안 갑시다.

🙂 Maybe next time.
She's kind of a mess right now.

다음에 가죠. 지금 상태가 별로 안 좋아요.

📋 겉모습이나 건강 상태 등이 별로 좋지 않을 때 사용하는 표현입니다. '방이 너무 지저분해.'는 Your room is a mess., '그 사람 머리가 엉망이야.'는 His hair is a mess.라고 합니다.

🎯 • have surgery 수술을 받다
• stop by the hospital 병문안을 가다
• (사람/사물) is a mess 지저분하다, 상태가 좋지 않다

DAY
098

Is that what you really want?

이게 정말 네가 원하는 거야?

📢 강세를 받는 really와 want를 중심으로 단어를 연결하여 '이젯와츄**릴**리**원**'의 리듬으로 발음합니다.

👓 **I don't get it.**
Is that what you really want?
이해가 안 돼. 이게 정말 네가 원하는 거야?

🧑 **Yes. We don't have a lot of options.**
그래. 우린 선택의 여지가 많지 않아.

🗨 상대방의 의견이나 결정이 마음에 들지 않을 때 한 번 더 재고해 보라고 할 때 사용하는 표현입니다. 성급하게 결정하지 말라는 뜻으로 Don't jump the gun., Don't rush to judgment., Don't jump to conclusions.와 같이 말할 수 있습니다.

🎯 • don't get it 이해가 안 되다
• don't have a lot of options 선택의 여지가 별로 없다

x

232

I must have left it at home.

집에 두고 왔나 봐.

강세를 받는 must와 left, home을 중심으로 단어를 연결하여 '아이**머**스탭 **렙**팃앳**홈**'의 리듬으로 발음합니다.

I'm sorry. I must have left it at home.
미안해. 집에 두고 온 게 틀림없어.

It's okay. You can bring it by tomorrow.
괜찮아. 내일까지 가져와.

어떤 결과의 원인에 대해 확신을 갖고 추측을 할 때 사용하는 표현입니다. '식당에 두고 온 게 확실해.'는 I must have left it at the restaurant.이고, '전화 잘못 거셨네요.'는 You must have dialed the wrong number.라고 말합니다.

• must have (과거분사) ~한 게 틀림없다
• bring (사물) by (시점) ~을 …까지 가져오다

What are we supposed to do?

이제 어떻게 해야 하지?

강세를 받는 What과 supposed, do를 중심으로 단어를 연결하여 '**와**라 위써**포**즈투**두**'의 리듬으로 발음합니다.

😎 We're broke.

What are we supposed to do?

우린 빈털터리야. 이제 어떻게 해야 하지?

🙂 From now on, we have to tighten our belts.

지금부터는 허리띠를 졸라매야 해.

어떻게 해야 할지 판단이 어려울 때 사용하는 표현입니다. 같은 의미로 What should we do?, What are we gonna do? 등의 표현이 있습니다. 원래의 계획이 틀어졌을 때 '친구를 만날 계획이었어.'는 I was supposed to meet my friend.와 같이 말할 수 있습니다.

강의를
들어보세요

• be broke 파산하다, 빈털터리가 되다
• be supposed to (동사원형) ~해야 한다, ~하기로 되어 있다   MP3 099-1
• tighten one's belt 허리띠를 졸라매다

I'm sorry to drop by unannounced.

불쑥 찾아와서 미안해요.

🔊 강세를 받는 sorry와 drop by, unannounced를 중심으로 단어를 연결하여 '암**쏘**리루**쥬**랍**바**이언어**나**운스'의 리듬으로 발음합니다.

😎 **Hello. I'm sorry to drop by unannounced.**

안녕하세요. 연락도 없이 찾아와서 미안해요.

🙂 **No problem.**
Come on in and have a seat.

괜찮아요. 들어오셔서 앉으세요.

📋 사전에 연락 없이 방문해서 미안하다고 할 때 사용하는 표현입니다. 같은 의미로 Sorry for barging in like this. 또는 Sorry to stop by without calling.과 같이 말할 수 있습니다.

- unannounced 연락하지 않은 채
- Come on in. 어서 들어오세요.
- have a seat 의자에 앉다

MP3 099-2

강의를 들어보세요

The coffee machine was broken.

자판기가 고장 났어.

📢 강세를 받는 coffee machine과 broken을 중심으로 단어를 연결하여 '더 **커**피머**신**워즈**브로큰**'의 리듬으로 발음합니다.

😎 The coffee machine was broken.

커피 자판기가 고장 났던데.

😀 It has been repaired.
Now it's working right.

고쳐놨어. 지금은 작동이 잘 돼.

🛍 차량, 기계, 전자제품 등이 고장 났다고 말할 때 사용하는 표현입니다. 같은 의미로 The vending machine broke down., It's not moving., It's not working right.와 같이 말할 수 있습니다.

- (사물) is broken ~이 고장 나다
- work right 작동이 잘 되다

강의를 들어보세요

MP3 100-1

She's way out of your league.

그녀는 너한테 과분해.

📢 강세를 받는 way out과 league를 중심으로 단어를 연결하여 '쉬즈**웨**이아 우러뷰어**릭**'의 리듬으로 발음합니다.

😎 She's on my list.
Can you set me up with her?

그녀는 내가 찍었어. 나한테 소개시켜 줄래?

🧑 Forget it. She's way out of your league.

관둬. 그녀는 너하고는 수준이 달라.

📋 미국 야구 경기의 '메이저리그'와 '마이너리그'처럼 수준이 다르다고 말할 때 사용하는 표현으로, 직역하면 '그녀는 너와 뛰는 리그가 다르다.'입니다. You aren't good enough for her.처럼 말할 수도 있습니다.

🎯 • (사람) is on my list   ~는 내가 찍었다
• set A up with B   A에게 B를 소개시켜 주다
• be out of one's league
  ~에게 과분하다, 상대가 안 되다

MP3 100-2

강의를 들어보세요

Review Quiz ⊙

01 오늘 저녁식사 같이 할래?

Can you _____ me for dinner tonight?

02 7시쯤에 데리러 올게.

I'll _____ you up about 7.

03 주유 중이야. 20분 후에 도착해.

I'm _____ up my car. I can be there _____ 20 minutes.

04 미안해, 지금 뭐 좀 하고 있는 중이라서.

Sorry, I'm in the _____ of something now.

05 휴대폰 배터리가 방전됐어. 충전해야 돼.

My phone battery is _____. I need to _____ it.

06 추석 연휴에 바베큐 파티 할 거야.

We're having a _____ _____ Chuseok holiday.

07 기운 내. 너무 자책하지 마.

_____ up. Don't be so _____ on yourself.

08 다시 생각해 보니 좋은 생각이 아니라는 걸 깨달았어.

On second _____, I _____ it was not a good idea.

09 지금부터는 허리띠를 졸라매야 해.

From _____ on, we have to _____ our belts.

10 연락도 없이 찾아와서 미안해요.

I'm sorry to drop by _____.

238

MEMO